TINTA
DA
CHINA
ı brasil ı

RUI TAVARES

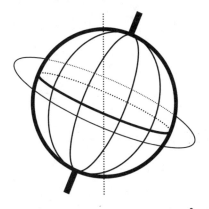

ESQUERDA E DIREITA
GUIA HISTÓRICO
PARA O SÉCULO XXI

SÃO PAULO
TINTA-DA-CHINA BRASIL
MMXXIV

à Marta, por tudo

SUMÁRIO

Nota introdutória 9

PARTE PRIMEIRA

Os pontos cardeais da política 15
Uma dupla dinâmica 18
Le droit du roi 24
A divisão política da modernidade 29
Tempovidências 37
Preenchendo a esquerda e a direita:
um ar de família 43
Esquerda e direita no trágico século xx 57

PARTE SEGUNDA

Esquerda e direita no início do século xxi 71
Portugal: 40 anos a andar aos círculos 79
Um movimento progressista
para a Europa 82
A crise da esquerda brasileira
e latino-americana 89
Da necessidade de uma esquerda global 100
O momento soberano 104
A internacional nacionalista 110

Sobre o autor 115

NOTA INTRODUTÓRIA

Este livro nasceu de duas conversas.

A primeira realizou-se a convite de Carlos Coelho, deputado no Parlamento Europeu, na Universidade de Verão da organização de juventude do seu partido, o PPD/PSD, num debate em que o meu oponente foi Miguel Poiares Maduro. O tema era "Fazem ainda sentido a esquerda e a direita?". Eu defendi, como faço aqui, que estes conceitos não só fazem ainda sentido, como mais sentido ainda dada a atual crise europeia e global.

A segunda realizou-se na Universidade de Coimbra, a convite dos estudantes da Faculdade de Direito. Eu tentaria explicar o que significa, para mim, ser de esquerda, e Pedro Mexia faria o mesmo com a direita — partindo os dois do princípio de que a diferença entre ambas existe e é relevante.

Curiosamente, houve alguma polémica em torno de ambos os debates — não sobre os conteúdos deles, mas pelo mero facto de se realizarem. Enquanto no primeiro debate recebi críticas por ter aceitado conversar com gente do "outro lado" (em vez de optar por falar exclusivamente para o coro dos já convertidos), no segundo caso foi o próprio diretor da Faculdade de Direito que decidiu não autorizar o debate por considerar que uma faculdade de direito não era o local correto para "discussões ideológicas". Os estudantes de Coimbra persistiram e o debate realizou-se no Edifício das Matemáticas.

Essa génese explica o tom coloquial que tentei preservar nestas páginas. A primeira parte do livro consiste na revisão das notas que tomei para os debates; a segunda parte corresponde a uma reflexão motivada pelo debate propriamente dito. Em nenhum dos casos se pretende esgotar o tema, mas somente produzir sobre ele uma visão renovada.

Quando ia a caminho de Castelo de Vide, onde se realizou o primeiro debate no início de setembro de 2014, apercebi-me de que a divisão entre a esquerda e a direita políticas, tendo nascido (como adiante se explica) entre finais de agosto e meados de setembro de 1789, cumpria então o seu 225º aniversário. Faz sentido revisitá-la hoje, numa época em que novamente estão na moda argumentos que apelam à sua superação, e entender as razões da sua pertinência e da sua já assinalável longevidade.

Pela oportunidade para o fazer, agradeço a Carlos Coelho e aos estudantes da Faculdade de Direito da Universidade de Coimbra, aos meus oponentes em ambos os debates, e — porque não o merecem menos — aos críticos do primeiro debate e ao censor do segundo.

Em dezembro de 2015, após uma ausência de cinco anos do Brasil, fui convidado para uma conversa com os jovens ativistas de arte, cidadania e cultura do encontro Emergências, que se realizou no Rio de Janeiro com a presença de delegações numerosas de vários países da América Latina. Desenvolvi alguns dos temas que se encontram no fim deste livro, em particular os que dizem respeito às questões da esquerda e da globalização, mas acima de tudo aproveitei a oportunidade para assistir aos debates e às intervenções em plenários dos participantes. Muitos deles eram estudantes universitários de uma nova geração muito mais diversa, social e racialmente, do que aquela que eu conhecera em andanças intensivas pelo Brasil na primeira década do milénio.

O encontro realizou-se pouco depois da vitória de Mauricio Macri nas eleições argentinas e um dia após a aprovação de um procedimento de *impeachment* contra a presidente Dilma Rousseff no Brasil. Havia ali uma certa perplexidade com a basculação da política na América Latina, que parecia estar prestes a encerrar um ciclo de governos de esquerda em vários país. Essa perplexidade converteu-se rapidamente em resistência. As duas metades do público — uma mais ligada às lutas sociais clássicas e outra às questões do imaginário e das identidades pessoais — reagiam à possibilidade de uma perda de direitos ou um abandono da luta contra a desigualdade, num dos casos, ou à possibilidade de uma nova predominância reacionária nos países latino-americanos em matérias de liberdade individual e tolerância social. No painel em que participei, a presença de vários políticos de partidos de esquerda converteu rapidamente o debate numa sessão de mobilização contra o que chamavam de golpe da direita.

Esse ambiente de apoio, ainda que crítico, ao governo Dilma era o reverso do antagonismo feroz votado pelos setores oposicionistas da sociedade brasileira à presidente e ao seu antecessor, Luiz Inácio Lula da Silva, que nas ruas e nas redes sociais exigiam o *impeachment* da presidente e a prisão do ex-presidente. O regresso de um Brasil polarizado quase até ao extremo, que nos meses seguintes se viria a comparar e até a confrontar nas ruas, impressionou muito vários visitantes e amigos do Brasil, entre os quais me incluo, além de ter angustiado milhões de brasileiros de todas as persuasões políticas.

Essas experiências, certamente pontuais e parcelares, levaram-me a querer acrescentar à edição brasileira deste livro algumas poucas páginas sobre o papel das transições políticas latino-americanas e a importância delas para a política entendida num sentido global.

Este livrinho inspirado por três conversas com públicos maioritariamente jovens tornou-se agora transatlântico. Veremos aonde o leva, no futuro, este percurso um tanto fortuito.

PARTE PRIMEIRA

OS PONTOS CARDEAIS DA POLÍTICA

Imaginem que se encontram diante de um mapa representando um pedaço de mundo que não conhecem. A primeira coisa a fazer é procurar os seus pontos cardeais: norte e sul, este e oeste. Sem esse passo, será difícil dar sentido ao mapa; note-se que digo "dar sentido" ao invés de "pôr o mapa na posição correta", que é o mais frequente. Pode ler-se o mapa de este para oeste, ou de norte para sul; pode até pôr-se o mapa "ao contrário" – alguém do outro hemisfério dir-nos-á que o nosso "ao contrário" pode ser a sua posição normal. Abordemos, portanto, o mapa a partir de qualquer direção; o que importa é conseguir usá-lo para formarmos uma ideia do mundo real. Se sairmos em caminhada sem entendermos o mapa, podemos perder-nos, afogar-nos, cair de uma falésia.

Reparem que os pontos cardeais não nos dizem, à partida, nada sobre si. Não sabemos se o norte é montanhoso nem se o sul tem planícies, onde é seco nem onde é molhado, onde é ventoso nem onde chove, onde estão as cidades ou os campos. Alguns rios correm de leste para oeste, outros de oeste para leste, para onde estiver o mar; há rios que correm para outros rios, e esses afluentes podem vir do norte ou do sul. Para o curso dos rios, especificamente, temos outras palavras, como "montante" e "jusante". Mas o montante e o jusante podem estar em qualquer dos pontos cardeais colaterais ou até subcolaterais. A realidade geográfica é invariavelmente mais rica do que os meros pontos cardeais; mas sem os pontos cardeais podemos ter dificuldade em entendê-la, e mais dificuldade ainda em explicá-la a outrem.

Podemos dar nomes menos abstratos ao sul e ao norte, ao este (ou será o leste?) e ao oeste. Nascente (ou levante) e poente referem-se ao nascer do Sol, e ao seu ocaso. Esse é um dos critérios definidores dos pontos cardeais. O outro é o do eixo em torno do qual gira a Terra, que nos dá o norte e o sul, a que podemos também chamar setentrião (de *Septem Triones*, o nome latino para a Ursa Maior) e meridião (do meio-dia). Estes são nomes que vêm do hemisfério Norte, é claro; no hemisfério Sul usa-se a constelação do Cruzeiro para nos orientarmos, e não a Ursa Maior, e ao meio-dia viramo-nos para norte para ver o Sol, e não para sul. Mas nada muda se em vez de norte e sul, este e oeste falarmos em boreal e austral, oriente e ocidente. Continuamos a falar da mesma coisa, usando palavras diferentes: de um sistema de orientação bidimensional, cobrindo todo o plano, e em que cada ponto cardeal aponta numa direção que está num ângulo reto, a 90 graus dos dois pontos cardeais mais próximos e a 180 graus do ponto cardeal oposto; juntos, perfazem 360 graus, ou seja, dão a volta e regressam ao mesmo sítio. Os nomes são produto da convenção, e se quiséssemos poderíamos até usar cores, como os povos asiáticos (os chineses usam preto para o norte, um azul esverdeado chamado *qing* para o leste, vermelho para o sul e branco para o oeste — a que acrescentam ainda o amarelo para um quinto ponto cardeal: o centro ou "para dentro").

À partida, não há nada de intrinsecamente bom ou mau em qualquer dos pontos cardeais, nem superior ou inferior. Tudo o que nesse sentido lhes atribuirmos tem a ver com a nossa experiência — por exemplo, fazer em geral mais calor a sul e mais frio a norte no hemisfério ou na região onde vivemos — ou com questões de identificação pessoal, cultura, gosto e opção. Em geral, os pontos cardeais não têm qualidades, embora em certas culturas lhes sejam associadas. Por exemplo, aparecem associados a virtudes na tradição taoista, e por essa razão foram parar à bandeira da Coreia no século XIX (a partir de 1948, bandeira da Coreia do Sul) como os quatro trigramas que aparecem em torno do *yin* e do *yang* no centro da bandeira: o leste está identificado com a virtude da humanidade e significa "justiça", o sul também é justo como virtude mas significa "fruição", o norte corresponde à inteligência e à sabedoria, e o oeste à cortesia e à vitalidade. Mas nada impediria que fosse ao contrário. As qualidades atribuídas aos pontos cardeais dependem sempre de uma certa arbitrariedade; podemos deixá-los vazios de significado e usá-los apenas para efeitos práticos, ou preenchê-los com ideias e associações.

Agora imaginem que alguém vos diz que não faz sentido falar em pontos cardeais. "Não precisamos de pontos cardeais para o nosso dia-a-dia", será o argumento dessa pessoa. E é verdade: passamos boa parte do dia fazendo as coisas de forma satisfatória, sem saber onde é o sul e onde é o norte. Muitas pessoas passam a vida inteira sem aprender a encontrar os pontos cardeais e podem até desprezar esse conhecimento. Mas essa constatação não é argumento: não é por ser desinteressante para alguém que determinado conhecimento deixa de ser essencial para todos.

Poderíamos inventar argumentos mais sofisticados para retirar sentido aos pontos cardeais. Por exemplo, alegar que o norte das bússolas não é o "verdadeiro" norte, por estas não fazerem coincidir o polo magnético da Terra com o seu polo geográfico (uma das extremidades do eixo de rotação do planeta) e, por conseguinte, a localização do chamado norte pode sofrer algumas variações segundo o método de medição. Ou que a navegação relativa, coadjuvada por objetos, é mais prática na maior parte das ocasiões: ir até ao rio, virar para a montanha etc. Ou que não há concordância entre o que é "orientação" para uns e "não perder o norte" para outros — embora para todos seja importante. Ou que fora do planeta (ou dentro do nosso quarto) os pontos cardeais não são usados da mesma forma. Ou que, com a disseminação da navegação por GPS, os pontos cardeais já não são tão importantes como antes. Ou, finalmente, que os pontos cardeais não são as únicas direções ao nosso dispor para nos orientarmos (aqui está a palavra outra vez!): há também o "para cima" e "para baixo", o "para dentro" e "para fora", "para a frente" e "para trás" e — é claro — a esquerda e a direita. Ora, por falar nisso...

UMA DUPLA DINÂMICA

Chegados aqui, creio que todos já terão adivinhado qual é o meu primeiro argumento. Esquerda e direita, no sentido político, servem afinal para algo não muito diferente das funções de orientação geográfica. Usamos a esquerda e a direita para nos situarmos, para explicar qual é a nossa posição relativa a outros e para partilhar o rumo com quem está ao nosso lado. E na política também.

Praticamente todos os argumentos contra o sentido da esquerda e da direita (ou até contra "a existência" da esquerda e da direita) poderiam ser usados contra o sentido ou a existência dos pontos cardeais, com a mesma ineficácia.

É verdade que "esquerda" e "direita" não servem para identificar se uma pessoa é boa ou má, competente ou incompetente — mas também não se pretendia que servissem. É verdade que os pontos cardeais não esgotam a realidade — mas também nunca foi esse o seu propósito: existem muitos outros termos que faz sentido usar em situações análogas, entre os quais "esquerda" e "direita". É verdade que há gente que não sabe onde está o nascente e o poente, e até há gente que não tem facilidade em encontrar a mão esquerda e a mão direita — isso, porém, não retira qualquer pertinência à distinção. É verdade que não preciso de esquerda e direita para seguir em frente — mas também não preciso de norte ou sul, nem se previa que precisasse. Se eu agora fizer um gesto para pegar neste copo de água, não preciso, provavelmente, de pensar se ele se encontra à minha esquerda ou à minha direita — mas poderei necessitar desses termos se pedir a alguém para pegar nele por mim. E por aí adiante, tanto na situação real (prática) como na metafórica (política). A necessidade de utilizar os dois termos aumenta com a "relacionalidade" da situação que tivermos perante nós e, sendo a política o domínio por excelência de tudo o que é relacional, explica-se naturalmente quão dependentes somos de distinções como esquerda-direita. É muito corrente encontrar quem, afirmando não reconhecer validade na distinção, acabe por utilizá-la quando por sua vez precisa de se distinguir de alguém: "Para mim não existe esquerda e direita, ao contrário do que acham esses esquerdistas".

Analogamente, afirmar que a distinção entre esquerda e direita "já não faz tanto sentido" ou, na variante positiva, que "ainda faz sentido", não é argumentar sobre a sua validade mas apenas sobre a perceção da sua força relativa num determinado contexto. Dizer que hoje deixou de fazer sentido falar de esquerda e direita, ou que faz menos sentido, é um reconhecimento implícito de que a distinção já teve sentido (ou mais sentido). Se se reconhece que a distinção tem cabimento, pelo menos em determinados contextos, o debate passa a ser sobre o contexto e não sobre a distinção. Voltarei a este argumento, mais aprofundadamente, para dobrar a aposta e dizer que no contexto atual faz *ainda mais sentido* falar de esquerda e direita. Mas isso será mais à frente.

Num sentido, porém, esquerda e direita são evidentemente distintas do exemplo dos pontos cardeais que fui buscar para início desta conversa. Enquanto os pontos cardeais são quatro e cobrem 360 graus de um panorama (do grego: "vista completa"), esquerda e direita são apenas duas partes de um eixo no qual há um centro e duas extremidades. Para se completar o panorama, precisaríamos de vários outros eixos, dos quais libertário *vs.* autoritário é uma das adições mais frequentes. Com efeito, juntando esquerda/direita a libertário/autoritário, ficamos com quatro pontos e um tipo de representação mais "planisférico". Poderíamos acrescentar, por exemplo, progressista/conservador, centralizador/descentralizador – mais à frente regressarei a este tema e, especificamente, às vantagens que a dicotomia esquerda/direita tem sobre estas e outras dicotomias.

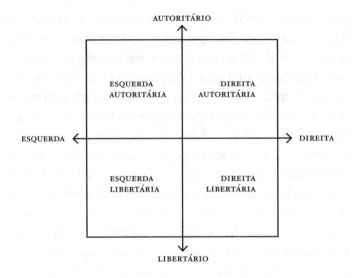

Mas há uma razão decisiva para ter escolhido os pontos cardeais — em vez de falar imediatamente de um "espectro", usado habitualmente na ciência política — como termo de comparação inicial. Essa razão prende-se com o significado e a etimologia da palavra "cardeal". Se perguntarmos hoje por uma definição de "cardeal", a maior parte das respostas recairá no substantivo para um grau da hierarquia católica ou em algo como "orientador", o que não explica muito: um princípio cardeal é um princípio orientador, e vice-versa. Em determinados países, como a Hungria, uma "lei cardeal" é uma lei de valor reforçado, quase-constitucional, ou seja, um grande princípio orientador do estado. Mas a palavra "cardeal" tem na sua origem latina uma história bem prosaica: o *cardo*, que é uma dobradiça, ou gonzo, ou charneira, de uma porta ou janela. Cardeal é, portanto, aquilo que é relativo a um eixo, como os que servem para abrir e fechar uma porta. Esta palavra permite enfatizar o modo como — em vez de permanecerem rigidamente lado a lado, à semelhança de uma vara — a esquerda e a direita se deslocam, abrindo ou fechando, em relação a um ponto fixo, que as coloca em oposição. Se pensarmos a palavra "cardinal" como a que possibilita esse dinamismo, ao invés de a termos apenas como um ponto fixo num plano estático, entenderemos melhor a esquerda e a direita, bem como as suas oposições múltiplas e sucessivas (que podem ser contra ou a favor do casamento entre pessoas do mesmo sexo, contra ou a favor do capitalismo, contra ou a favor desta globalização ou daquele multiculturalismo, e assim sucessivamente — mais junto ao eixo ou mais nos extremos dessas posições). Esquerda e direita são cardeais nesse sentido: organizando-se em torno daquilo que "dobra", que é mutável e transformador numa sociedade, e assim determina e organiza antagonismos, lutas e rivalidades.

De caminho, esta imagem ajuda também a explicar a peculiar posição do centro, por vezes considerado de forma aparentemente contraditória (e muitas vezes pelos políticos de centro) como "o lugar vazio da política" e "o lugar onde se ganham as maiorias políticas". Ao invés de ser o lugar vazio, o que seria injusto para as pessoas que se consideram de centro e têm legitimamente as suas ideias, o centro é mais um ponto fixo numa determinada controvérsia ou oposição entre esquerda e direita — como o gonzo da porta. Ao passo que uma parte da dobradiça se move para fazer avançar certa posição, e a outra se contrapõe para a travar, o centro caracteriza-se pela sua vontade de fazer prevalecer o equilíbrio entre ambas, por escolha ou por indecisão, e portanto não deixar vencer qualquer das duas, por não ter opinião formada ou por ter uma opinião igualmente negativa sobre ambos os campos. Como a oposição entre esquerda e direita não se faz apenas por uma controvérsia, mas por vários feixes mais ou menos intermináveis de temas, ideias e preocupações, tanto do presente como acerca da apropriação do passado e da plausível construção do futuro, é quase impossível estar no centro em todas, e assim fazer parte de um teórico centro absoluto — daí a ideia de que o centro seja um não-lugar da política. Se quisermos ser mauzinhos, podemos dizer que o centro tem de facto ideias, mas que não são muito interessantes nem acrescentam muito (dizer que se deve governar bem, que se deve ser competente, que se deve ser justo etc. pertence a esta categoria — não é errado, mas também ninguém discorda), ao passo que do outro lado estão as ideias que em geral consideramos verdadeiramente erradas e perniciosas. Pela mesma razão, porém, também há menos gente que esteja sempre na esquerda ou na direita de todas as discussões, e é por isso natural que a distribuição de um eleitorado pelo eixo esquerda-direita dê uma nebulosa com mais concentração pelo centro, centro--esquerda e centro-direita; o que torna essa área mais apetecível quando se quer firmar uma maioria (reparem que não disse "formar": para formar uma maioria é preciso começar por algum lado, e isso implica escolher campos e, inevitavelmente, ser mais de esquerda ou de direita).

Há uma outra razão para escolher a palavra "cardinal" (no seu sentido dinâmico) como metáfora para a oposição entre esquerda e direita. O *cardo*, tal como a dobradiça da porta, era, em Roma, a rua à volta da qual toda a cidade girava, uma avenida principal (*cardo maximus*) onde estavam as lojas e que era, em consequência, o eixo da vida urbana. Com a expansão do império, a construção da maior parte das cidades romanas começava pelo traçar de um *cardo maximus*, uma rua principal no sentido norte-sul, a partir do qual a cidade se iria desenvolver. Toda a gente vivia à esquerda ou à direita do *cardo maximus* e para lá se deslocava. Poderíamos dizer que, se os gregos criaram a *polis*, ou a cidade, como lugar da política, os romanos estabeleceram aí a oposição básica entre esquerda e direita — se esta não tivesse demorado ainda vários séculos a ser identificada na política. Além do *cardo maximus*, Roma e muitas outras cidades do império tinham também uma segunda rua principal, perpendicular à primeira, chamada *decumanus maximus*. O *cardo* e o *decumanus* intersetavam-se no centro da cidade, num cruzamento chamado *groma*, do nome do instrumento de medição que se usava para encontrar linhas verticais direitas — o nosso prumo. Como o *cardo* tinha uma orientação norte-sul e o *decumanus* orientação este-oeste, a cidade integrava em si os pontos cardeais do planeta.

O prumo da cidade, e o rumo da política. Adequadamente, juntam-se no cruzamento da cidade a ferramenta mais concreta com as ideias mais abstratas.

LE DROIT DU ROI

Esquerda e direita têm, enquanto conceitos políticos, a sua história e a sua historicidade — ou seja, não apenas a história particular de como nasceram mas um enquadramento numa época e num desenvolvimento civilizacional. Isso não retira nada à sua pertinência (tal como a identificação dos pontos cardeais, também ela histórica, lhes não retira pertinência), pelo contrário, ajuda-nos a entender a sua necessidade para um mundo que é ainda o nosso. Se até agora temos tratado esquerda e direita como marcadores mais ou menos temporalmente autónomos, as páginas que se seguem pretendem compensar essa perspetiva adicionando algumas dimensões novas para a interpretação dos nossos conceitos-base de orientação em política.

A história do nascimento da esquerda e da direita é simples e curta. A 5 de maio de 1789, em Versalhes, o rei Luís XVI declarou abertos os Estados Gerais — uma reunião da nobreza, do clero e do Terceiro Estado convocada esporadicamente desde o século XIII, em geral no contexto de uma crise política — para debater o problema do descontrolo da dívida do próprio soberano. Os deputados do Terceiro Estado — do povo — tinham outras ideias. Embora fossem em maior número, e representassem muito mais gente do que a nobreza e o clero, tinham menos votos, e reuniam-se à parte dos outros estados sem terem sala específica para o efeito.

A 6 de maio, imitando a nomenclatura inglesa, declaram-se "Assembleia dos Comuns" e recusam reunir-se separadamente dos outros estados. O impasse dura um mês; a 10 de junho, os deputados do povo apelam aos dos outros estados para que se juntem a eles (a nobreza reunia-se sozinha na sua assembleia desde 11 de maio); a 13 de junho, três padres juntam-se ao povo; a 14 de junho, chegam mais seis elementos do clero, e a 16 de junho já são vinte. Os "comuns" pretendem reunir uma Assembleia Nacional e, para os impedir, o rei fecha a sala de reuniões. Os "comuns" reúnem-se então numa sala onde antes se praticava um jogo semelhante ao ténis (sala do jogo da péla) e juram não se separar enquanto não dotarem a França de uma Constituição. É o início da Revolução Francesa.

O rei proíbe os três estados de se reunirem em conjunto e declara nulas as decisões do Terceiro Estado, mas o impulso estava dado. As fronteiras entre os estados começam a tornar-se porosas. A 25 de junho, 47 nobres juntam-se aos "comuns". O rei cede. A 9 de julho, reúne a Assembleia Nacional Constituinte. A 14 de julho de 1789, em Paris, a população revolta-se e toma a Bastilha, exercendo uma pressão ainda maior sobre os constituintes, que continuavam reunidos em Versalhes, agora todos na mesma sala e votando de acordo com o princípio "um homem, um voto".

Os constituintes começam as suas deliberações.

A 4 de agosto de 1789, é votada a abolição dos direitos feudais. O resto do mês é passado a discutir o que substituiria esse regime de desigualdade essencial, sustentada na lei e nos privilégios, que tinha durado séculos: em vez de direitos só para alguns, direitos para todos. A 26 de agosto, adotam-se os últimos artigos da Declaração dos Direitos do Homem e do Cidadão.

A 28 de agosto de 1789, está-se em plena discussão constitucional. O tema: teria o rei direito a vetar qualquer deliberação que fosse aprovada pela Assembleia Constituinte? Como era evidente, o direito de veto poria potencialmente em risco tudo o que a Assembleia aprovasse, incluindo os Direitos do Homem e do Cidadão que acabavam de ser adotados. Alguns deputados consideravam que, sendo a Assembleia Constituinte a representante do povo francês, seria ilegítimo opor-lhe um poder superior; outros consideravam que os deputados eram apenas representantes transitórios do povo, ao passo que o rei era o símbolo permanente do reino.

Nesse dia, os deputados que eram contra o direito de veto do rei entraram na sala e juntaram-se naturalmente à esquerda do presidente da sessão; os deputados que eram a favor foram para o lado direito. Essa divisão foi notada nos próprios debates e, a 11 de setembro de 1789, quando a Assembleia voltou a reunir-se para discutir o mesmo tema, a divisão permanecia: os opositores do rei dirigiam-se para a direita da sala (mas ficavam à esquerda do presidente e eram, portanto, "a esquerda") e os defensores do rei iam para o lado esquerdo (mas como ficavam à direita do presidente passaram a ser, desde então, "a direita"). E é esse ainda hoje o esquema adotado por muitos parlamentos, incluindo a nossa Assembleia da República e o (até agora) único parlamento transnacional eleito do mundo, o Parlamento Europeu.

A esquerda e a direita políticas nasceram então entre aqueles dias 28 de agosto e 11 de setembro de 1789. Ou, para ser mais rigoroso, nasceu ali a convenção de chamar "esquerda" e "direita" a posições políticas antagónicas. A oposição que se firmou em torno do direito de veto do rei — primeira charneira entre esquerda e direita — transcendia uma mera diferença de opiniões sobre um ponto específico, e via-se bem que se estendia a uma visão de múltiplas coisas: do próprio poder ao sentido da história, daquilo que constitui uma nação àquilo que constitui uma noção de direitos.

Se não se tivesse consciência de que os deputados discordavam não sobre uma mas sobre várias coisas, e que discordavam sobre elas de forma consistente, os termos "esquerda" e "direita" não teriam pegado, nem se teriam perpetuado de uma forma que talvez surpreendesse os constituintes franceses de 1789. Eles tinham acabado de abolir uma noção pré-moderna de "direitos" – os privilégios de alguns homens sobre outros – para proclamarem uma noção universal de direitos igualmente emancipadores para todos. Mas agora discutia-se, em contradição pelo menos parcial com essa noção, se poderia dar-se a apenas um ser humano o direito de veto sobre o que os "representantes da nação" tinham votado. Essa própria caracterização, como vimos, era duvidosa, pois se havia quem considerasse que os deputados eram o repositório da soberania popular, outros consideravam igualmente o rei como repositório, porventura mais válido, dessa soberania, independentemente de acreditarem que ele exercia um poder de origem divina ou partilhado com o povo — o que justificaria o direito de veto. Estas diferenças arrastavam outras sobre o próprio momento de que os constituintes eram atores: para uns, iniciava-se um novo período da história da humanidade, marcadamente diferente do anterior; para outros, não haveria necessidade de operar uma rutura tão radical e valeria a pena preservar uma continuidade com o Antigo Regime. Os primeiros eram a esquerda, os segundos, a direita. Embora todos falassem francês e usassem muitas vezes as mesmas palavras, atribuíam a estas um significado completamente diverso. Até a palavra "revolução" estava em revolução e tinha sentido duplo. Para o primeiro grupo, ela começava a ganhar o sentido que hoje lhe damos, de um corte definitivo com o passado; para o segundo, mantinha a sua aceção pré-moderna na qual uma "revolução" era (como nos planetas) o movimento de dar uma reviravolta para voltar ao normal. Se estes faziam ainda a revolução para regressar à ordem (e viriam a ser conhecidos por reacionários), aqueles faziam-na para não voltarem atrás (e ficariam com o monopólio do termo revolucionários).

A DIVISÃO POLÍTICA DA MODERNIDADE

Não podemos avaliar a pertinência da esquerda e da direita sem tentar entender como era antes. De que forma se organizavam as oposições políticas antes de a esquerda e direita terem começado a ser convencionadas como grandes marcadores das divisões políticas?

Antes da esquerda e da direita, as linhas de divisão política passavam pela lealdade a uma dinastia ou a uma família feudal, como nas Guerras da Sucessão (Espanhola, primeiro, e Austríaca, depois), no século XVIII, ou a um soberano protestante ou católico no tempo da Guerra dos Trinta Anos, no século XVII. Nos países católicos, a divisão passava entre ultramontanos (ou seja, os que defendiam as prerrogativas do papa) e os que defendiam maior autonomia para os reis e para as igrejas nacionais, como os regalistas e os episcopalistas por toda a Europa, e os galicanos em França. Estas posições poderiam ter os seus defensores em ordens ou movimentos religiosos, como os jesuítas (ultramontanos) e os jansenistas (episcopalistas e aliados do regalismo). A Guerra dos Cem Anos, que nos séculos XIV e XV opôs a França (e a Escócia) à Inglaterra (e a Borgonha), começou também por ser uma disputa dinástica pelo trono de França entre a Casa dos Plantagenetas ingleses e dos Valois franceses. Na Itália do século XIII, a grande divisão política era entre guelfos e gibelinos, que defendiam famílias diferentes na luta pela sucessão do Sacro Império Romano-Germânico; os guelfos estavam do lado do papa, defendendo os Welfen, os gibelinos defendiam a família suábia dos Hohenstaufen, senhores de Waiblingen. Welfen/guelfos, Waiblingen/gibelinos: e eis como uma disputa sucessória na Alemanha se tornou numa divisão política em Itália.

Diz-se que no Império Bizantino durou séculos a divisão entre "azuis", "verdes", "brancos" e "vermelhos", que apoiavam equipas diferentes nas corridas de quadrigas, mas também as famílias e os poderosos da corte que montavam essas equipas. No ano de 532, os motins de Nika entre "verdes" e "azuis" destruíram praticamente metade de Constantinopla, deixando atrás de si milhares de mortos.

Na aparência, estas divisões têm mais de "político" no sentido feudal do termo do que no sentido ideológico. No entanto, não devemos desvalorizá-las, pois quase todas elas têm importância política, nas suas causas e consequências. Protestantes e católicos tinham não só uma visão diferente da igreja, mas também dos estados, e mesmo no seio das duas comunidades havia visões diferentes sobre tolerar (ou não) a presença de minorias entre a maioria — visões que ainda motivam controvérsias e que estão na essência do conviver político. O desfecho da Guerra dos Cem Anos impediu os reis ingleses de terem uma base de poder no continente europeu, e forçou a Inglaterra a ser uma ilha (politicamente falando), com consequências que perduram até hoje. Os guelfos defendiam o poder do papa contra os gibelinos, que defendiam o poder do imperador, e logo duas formas muito diferentes de entender a convivência no vasto espaço geográfico e cultural do centro da Europa. E até os "azuis" de Bizâncio eram apoiados pelo imperador Justiniano, ao passo que os "verdes" eram apoiados por senadores rebeldes que tinham coroado um novo imperador, Hipácio.

É verdade, contudo, que em todas essas divisões pré--modernas o fator decisivo parece ser religioso, feudal ou tribal, ou uma pura luta pelo poder entre indivíduos ou dinastias, sendo o seu aspeto "ideológico" apenas uma justificação ou um resultado colateral da disputa. Nesse sentido, a palavra "partido" aparece como sendo efetivamente uma "parte" da sociedade; o "partido do rei" são os que tomam parte pelo rei — e, para a maior parte dos partidários desse partido, deveriam ser secundárias as diferenças político-filosóficas entre estar no "partido do rei" ou no "partido do duque" ou no "partido do papa". Para começarmos a encontrar uma visão ideológica despida das suas contingências sectárias ou tribais, é preciso ler os precursores do pensamento republicano — o florentino Maquiavel, os ingleses Locke ou Hobbes, o judeu português Espinosa, na Holanda. Essa visão "republicana", presente nas cidades italianas do Renascimento, reaparece na doutrina da supremacia parlamentar da Revolução Gloriosa, na Inglaterra de 1688 (tratando-se, ainda assim, da revolta de um parlamento protestante contra um rei católico), que resultou, também ela, na aprovação de uma Carta dos Direitos, limitando o poder do monarca.

Segundo essa visão, compete à sociedade como um todo conduzir os seus destinos, através de mecanismos de deliberação que podem aplicar-se a qualquer entidade coletiva, independentemente da sua composição étnica ou religiosa — pois todos os humanos nascem livres e iguais em direitos, e o seu estatuto perante a comunidade política é o mesmo. Foi este o modelo dominante a partir do fim do século XVIII, precisamente com a Revolução Americana e a Revolução Francesa. Essa é a era a que, de forma simplificada, chamamos "modernidade".

A partir dessa altura, a história política da humanidade seria muito diferente. E ainda não deixou de o ser, a despeito de desde então se ter proclamado várias vezes o "fim da história", em versão demoliberal, neoliberal, capitalista ou marxista-leninista. Na modernidade, os termos da discussão alteram-se significativamente, sendo substituídas as linhas de divisões feudais e sectárias (no sentido de pertencentes a seitas, como as religiosas) por visões da política e mundividências em grande medida consistentes em si e antagónicas entre si.

"Esquerda e direita" é, pois, a grande divisão política da modernidade, uma dupla dinâmica e em constante atualização e interação que disputa entre si a melhor forma de entender a sociedade e de governar um mundo cujas divisões e lealdades já não se definem por linhagens ou dinastias. É por isso revelador que a nomenclatura tenha aparecido logo após a primeira fase da Revolução Francesa, quando a opção por uma assembleia constituinte, representando todos os súbditos do rei, derrotou a tradição dos Estados Gerais, onde os vários corpos ou ordens da sociedade se reuniam separadamente. Resolvido esse problema, e passando todos os representantes a contar o mesmo, passou-se ao problema seguinte: a contradição evidente entre a igualdade de todos e a sua desigualdade perante o rei. O direito de veto do rei, como vimos, foi a primeira charneira, o primeiro ponto de viragem, inflexão ou fratura entre o que viria a ser a esquerda e a direita. Não havendo já, entre os deputados constituintes, membros da nobreza, do clero ou do povo (enquanto tal), rapidamente apareceu a necessidade de encontrar novos termos para definir as diferenças de opinião entre a representação da nação no seu conjunto.

Uma das principais razões para criticar os termos "esquerda" e "direita" enquanto conceitos políticos é dizer que são significantes livres, sem amarras. Mas esta é, pelo contrário, uma das principais forças da dicotomia e a principal razão para a sua subsistência e expansão durante a modernidade, talvez mesmo para além dela. Ao contrário de progressistas e conservadores, ecológicos e mercantilistas, libertários e autoritários, a dupla esquerda/direita não traz mais do que uma etiqueta sem um sentido original. Apesar de algumas tentativas de aproveitar os sentidos anteriores das palavras "esquerda" e "direita" para ajudar a definir as etiquetas atuais (a direita como aquilo que é direito ou rígido, a esquerda como o que é canhestro ou diferente), é precisamente o facto de elas terem sido, *a priori*, vazias de conteúdo que as tornou flexíveis, capazes de agregar sentidos e de se adaptarem a diferentes disputas e controvérsias. Essa abertura inicial possibilitou a rápida mobilização, de um lado e de outro, para distintas visões do mundo e não esgotou a possibilidade de lhes agregar novos elementos. O que há na esquerda e na direita foi atribuído pela história. Ao passo que alguém chegado de Marte poderia não demorar muito a diferenciar um progressista de um conservador, um centralizador de um descentralizador, ou até um extremista de um moderado, teríamos de lhe explicar porque a esquerda e a direita são o que são. E elas têm o nome que têm por uma razão inteiramente casual, à qual depois se foram agregando ideias, causas e sentimentos de identificação. Por muito que nos custe admitir, porque estas coisas se colam à pele, se, na Assembleia Nacional de 1789, os constituintes "de esquerda" tivessem ido para o outro lado da sala trocando de lugar com os "de direita" (ou se o ponto de referência fosse a vista a partir da porta da sala e não a partir do olhar do presidente da assembleia), as pessoas de direita seriam hoje orgulhosamente "de esquerda" e vice-versa.

Os constituintes de 1789 não escolheram o lado esquerdo ou direito por um ser melhor do que o outro, mas para estarem perto de pessoas cujas ideias consideravam, isso sim, melhores do que as outras. Ao fazê-lo, procuraram o reforço dos seus parceiros políticos, ou "co-ideários" (por assim dizer), com os quais poderiam lutar em conjunto para derrotar as ideias dos seus antagonistas. Assim sendo, "esquerda" e "direita" não representam doutrinas ideológicas mais ou menos fixas, como o comunismo ou o fascismo, mas também têm uma expressão social, tática e estratégica. A esquerda e a direita podem ser, em simultâneo ou sucessivamente, uma forma de estar na sociedade e na cultura, um movimento, uma base eleitoral... e, dependendo do contexto social, cultural e político, podem sê-lo de forma mais ou menos assumida, e um dos polos pode ser mais declarado ou predominante — embora isso não tenha de acontecer em simultâneo.

Não é por acaso que a esquerda e a direita se impuseram em praticamente todos os países e regiões em que a política alcançou uma certa normalidade democrática. Quando não há outras grandes divisórias religiosas, étnicas ou linguísticas; quando não se vive num país colonizado ou em guerra; quando uma ditadura não obrigou todos os democratas a juntarem-se, independentemente das suas mundividências; quando a política não é dominada apenas por redes clientelares ou esvaziada pela corrupção e o carreirismo — nesse caso, é para a divisão entre esquerda e direita que as sociedades tendem a gravitar, como ferramenta para exprimirem as diferentes visões que as orientam.

É por isso adequado que "esquerda e direita" seja a dicotomia principal da modernidade. Ela não depende de um indivíduo (o papa, o rei), de uma casta ou da pertença hereditária a uma ordem, mas é possibilitada pela promessa — que a modernidade traz consigo — de que a conformação do que deve ser a sociedade pertence a todos os seres humanos. Que essa promessa não seja consensual, e que traga mais problemas para resolver do que simplesmente definir quem tem o direito divino de governar sobre nós, deveria ser evidente.

A resolução da questão do direito de veto do rei acabou com um compromisso. O rei teria direito de veto, mas apenas durante duas legislaturas, e se os representantes do povo, em duas assembleias sucessivas, insistissem numa dada lei, levariam a melhor sobre o rei. Esse compromisso caducou porque, no fundo, o rei Luís XVI durou menos do que as legislaturas previstas: rebelou-se contra o poder parlamentar, e acabou guilhotinado em 1792 – o Terror revolucionário de 1793, após poucos meses de República, foi um dos primeiros momentos totalitários, no qual se tentou acabar com as distinções políticas em nome da unidade da nação.

Muitas questões ficaram em aberto. Foi desde logo notado que os direitos humanos incluíam apenas artigos respetivos a questões civis e políticas, mas não faziam nada para resolver a desigualdade económica e social — que agora, eliminados os direitos feudais, começava a ser vista como a mais profunda razão da desigualdade entre os cidadãos. Para resolver esse problema, a esquerda defendia a redistribuição, e a direita respondia com o direito de propriedade. O próprio lema revolucionário — o célebre "Liberdade, Igualdade, Fraternidade" — demorou quase um século a impor-se: aparecendo no Clube dos Cordoeiros, num convento franciscano em Paris, em 1791, foi preterido por Napoleão, que escolheu "Liberdade e Ordem Pública", ou pelos tradicionalistas, que preferiam "Rei, Lei e Fé", ou pelos positivistas, que lhe contrapuseram "Ordem e Progresso" (que foi parar à bandeira do Brasil), até finalmente se impor com a Terceira República Francesa.

Em breve, com rei ou sem ele, não faltariam novas questões fraturantes, novas charneiras para a oposição entre esquerda e direita: a velocidade e a direção do progresso, razão e tradição, democracia e sufrágio universal, a participação das mulheres no voto e das classes trabalhadoras na definição dos seus salários e tempos de trabalho, e por aí afora. Cada uma destas lutas, e muitas outras, dependeram de avanços e resistências, ataques e contra-ataques, numa dinâmica por vezes emancipadora, por vezes mortífera. E de cada vez que uma determinada plataforma era dada por adquirida, novas divisões entre esquerda e direita apareciam no seu seio. Em Portugal, a vitória do movimento liberal contra os absolutistas deu vez à divisão dos liberais entre setembristas — a esquerda — e cartistas — a direita —, por razões de certa forma no seguimento das de 1789. Quem tinha direito a fazer uma Constituição: o povo através dos seus representantes, como queriam os revolucionários de setembro de 1836, ou o rei, outorgando à nação uma Carta Constitucional? Em França, de cada vez que os republicanos levavam de vencida a monarquia e o império, apareciam divisões entre republicanos de esquerda e de direita — e o mesmo aconteceu em Portugal a partir de 1910.

Que o mesmo suceda em muitos movimentos que pretendem superar a divisão entre esquerda e direita — desde os liberais (no sentido americano, de esquerda, ou no sentido europeu, de direita) aos verdes (com divisões entre ambientalistas e preservacionistas, ou entre ecologia profunda e ecologia superficial), e até, mais recentemente, aos piratas e outros defensores da democracia digital — demonstra a enorme resiliência e capacidade de adaptação da nossa dicotomia política básica.

TEMPOVIDÊNCIAS

Num sentido mais amplo, o nascimento da esquerda e da direita não está limitado às contingências da história política francesa. Um autor norte-americano, de perspetiva conservadora, chamado Yuval Levin, conta uma história diferente para o nascimento da esquerda e da direita, que situa entre a Revolução Americana e a Revolução Francesa, mas vistas de uma perspetiva britânica. Para isso vai buscar dois autores, Edmund Burke e Thomas Paine, como precursores da esquerda e da direita.

Burke era um deputado anglo-irlandês do partido Whig, que defendia a supremacia parlamentar; Paine era um homem das classes populares, autodidata, que tinha passado por várias profissões antes de começar a escrever panfletos "sindicais" (antes de haver sindicatos) e de emigrar para a América britânica. Ambos apoiaram a independência dos Estados Unidos da América, com uma diferença de início quase impercetível. Burke foi a favor da *independência americana*, devido às injustiças passadas cometidas pelos ingleses contra os americanos, em particular por ser o parlamento dos primeiros a decidir o aumento de impostos sobre os segundos. Paine era a favor da *Revolução Americana*, ou seja, de uma coisa politicamente bem diferente (embora, na prática, se trate do mesmo evento): da possibilidade, sempre em aberto, de os seres humanos se organizarem da forma que entenderem melhor sem terem de obedecer a formas passadas, como o império e a monarquia.

Embora ambos defendessem uma posição que consideravam justa, e essa posição fosse a mesma, encontravam-se aqui, em embrião, as versões conservadora e progressista da justiça política. No primeiro caso, a ação justifica-se pelo passado; no segundo caso, pelo futuro. Burke e Paine chegaram a encontrar-se como companheiros de ideias, mas o mal-entendido não durou muito: com a Revolução Francesa, as suas visões da política bifurcaram-se. Para Burke, a destruição da ordem absolutista francesa não poderia justificar-se por inteiro. Para Paine, os seres humanos estão sempre a tempo de "começar o mundo de novo".

De notar que estas duas visões da política são, no fundo, visões do tempo. Na história humana, entendida não só como o passado, mas como feixe de mudanças que atravessam também o presente e o futuro, o século XVIII foi o primeiro momento em que, genericamente, o mundo "ocidental" deixou de acreditar num destino circular da humanidade, dependente de Deus, em que o início e o fim estavam já escritos e predeterminados na Bíblia. Em vez disso, no início estava o "estado de natureza" da humanidade, e no futuro estaria aquilo que os humanos decidissem ("o tempo presente está prenhe do futuro", escrevera Leibniz).

Essa é uma mudança tão crucial que merece uma palavra nova: "tempovidência" — uma visão do tempo, como "mundividência" é uma visão do mundo. A substituição de uma tempovidência religiosa por uma tempovidência secular, humanizada, é outro elemento essencial da modernidade. É por isso natural que, a partir do momento em que a humanidade (ou uma parte significativa dela) percebeu que o caminho a seguir dependia apenas de si, se tenham formado correntes de opinião sobre que direção tomar: até nisso os termos "esquerda" e "direita" são evocativos da sua função orientadora nos nossos caminhos do presente e do futuro.

Esquerda e direita têm tempovidências diferentes, ou — para ser mais rigoroso — ênfases diferentes nessa nova visão do tempo que está agora nas nossas mãos.

À direita, o presente é, sobretudo, uma emanação do passado, que deve ser entendido como o estado normal das coisas: se há desigualdade, se há pobreza, se há injustiça ou discriminação é porque sempre houve — ou, pelo menos, porque antes também houve. Para ser justo, nem todas as versões da direita consideram que isto justifica o passado, ou que nos obriga a continuar a viver nele. A uma direita reacionária, oposta a qualquer mudança, pode acrescentar-se uma direita conservadora, que (como Burke) aceita a mudança dos elementos que forem definitivamente provados injustos pelo tempo, mas não mais do que isso. A essas direitas poderia ainda opor-se uma outra direita, expansionista e futurista, que acolhe o legado do passado (a desigualdade, por exemplo) como gerador de futuro, no sentido em que motiva a competição, o voluntarismo ou o espírito conquistador "natural" dos mais fortes. Assim sendo, embora se tenha secularizado, a direita preserva resquícios de uma visão religiosa do tempo num certo providencialismo de que ainda hoje se reclama: as coisas foram assim por natureza humana — e por isso são e serão.

À esquerda, o presente é sempre um ponto de viragem a partir do qual podemos recusar os passivos do passado e reescrever o porvir. Isto não implica negar a natureza humana, mas afirmar que ela traz em si a possibilidade de mudar as regras do jogo para determinarmos em conjunto uma nova forma de viver. As injustiças, a desigualdade, a pobreza (e as suas materializações: a exploração, o colonialismo) não têm nada de natural; elas podem, se desejarmos, ser erradicadas, apagadas do porvir. Paine diz que a sociedade, que já existia antes de haver governo, é uma forma de convivência natural ao homem enquanto "ser social", e que este, enquanto "animal capaz de discurso fundamentado", se serve da política para persuadir os outros humanos, seus coiguais e livres, determinando as novas formas de viver emancipado (as duas expressões, "ser social" — ζῷον πολιτικόν, *zóon politikón* — e "animal capaz de discurso fundamentado" — ζῷον λόγον ἔχον, *zóon lógon ekhon* — vêm de Aristóteles, no segundo caso parafraseado por Heidegger). Após decisão comum da humanidade, Paine considera que até a própria "formalidade do governo" pode ser abolida, num dos primeiros alvores de uma esquerda libertária, ou anarquista, que virá a ter grande importância política até ao início do século xx, e cultural daí em diante. Mas, pela mesma razão do comum acordo da humanidade, ou da sua persuasão coletiva, o governo pode ser uma ferramenta de correção de injustiças, na versão da esquerda social-democrata; e até o estado pode concentrar em si todos os meios de produção para (em teoria, pelo menos) os devolver à sociedade, na versão da esquerda comunista e coletivista.

Em todos os casos, bem diferentes entre si, o estado é para a esquerda uma ferramenta moldável nas mãos da sociedade — para ser constitucionalizado, reformulado, ampliado ou até abolido. Para a direita, o estado é diferente: uma preexistência que pode ser louvada ou criticada, obedecida ou combatida, vista como uma necessidade ou um problema, imaginada como um estado grande ou um "estado mínimo", mas que é em todo o caso um dado de facto para a sociedade, mais do que uma construção dela.

Burke era um homem do Velho Continente, que ele considerava valer a pena reformar, sim, mas para preservar. Paine era um homem do Novo Mundo, no qual tinha visto com os seus olhos estabelecerem-se novas relações sociais, pautadas por uma maior espontaneidade e pela ausência das velhas hierarquias europeias. O que os dividiu foi o voluntarismo de Paine, que, depois de ter nascido súbdito do rei de Inglaterra e de ter ganho nacionalidade americana, viveu a revolução em França e dela se tornou cidadão, almejando até no Velho Continente poder também realizar um Mundo Novo. Note--se que nem toda a gente concorda com a partilha da paternidade da esquerda e da direita, no mundo anglo-americano, entre Paine e Burke. Burke, o conservador, era apesar de tudo um *whig*, favorável ao legado da Revolução Gloriosa (1688), que tinha tirado poder do rei para o parlamento. Não era um absolutista e, se já houvesse esquerda antes da Revolução Francesa, poderia ter feito parte dela. Se, em 1776, com a independência americana, era um "liberal", depois de 1789, com a Revolução Francesa, tornou-se um conservador e, em 1792, com o Terror revolucionário em França, pôs-se do lado dos reacionários. Portanto, inevitavelmente, ficou à direita de Paine, e na direita do seu tempo.

Esta basculação permite-nos de novo lembrar como esquerda e direita têm caráter posicional, relativo e, em consequência, evolutivo. O pêndulo do tempo pode fazer migrar de polo até pessoas que não mudaram de opiniões. Isso acontece nos dois sentidos: pessoas que vão da esquerda para a direita, ou situações em que a conjuntura política vira tanto à direita que leva certas pessoas para a esquerda, ou variantes individuais destes e de outros casos. Burke poderia ser de esquerda, sem o saber, antes da Revolução Francesa; mas, depois de a esquerda nascer, posicionou-se claramente à direita. Os radicais republicanos, de esquerda, na França do século XIX, tornaram-se de centro com o nascimento dos socialistas. Os liberais escandinavos ainda hoje têm partidos que se chamam "esquerda", embora estejam no centro etc.

Nem sempre a direita quer voltar atrás no tempo — não demasiado, em todo o caso. A direita, enquanto força política e social, opôs-se à abolição da escravatura, ao voto feminino, aos direitos sindicais e à igualdade racial, ou, mesmo quando concordava com o princípio, posicionava-se contra as suas materializações. Fê-lo com argumentos de princípio ("é contra a natureza humana"), de oportunidade ("é contra a moral e os bons costumes") ou de tática política ("se os deixarmos ganhar, a esquerda quererá outras coisas"). Hoje, a direita, em certos países, é ainda contra o casamento entre pessoas do mesmo sexo, enquanto noutros já se habituou à ideia, e noutros ainda já lhe é francamente favorável. Mas raramente se encontra hoje quem, à direita, defenda em voz alta o regresso à escravatura ou às leis de separação racial. A esquerda vê tudo aquilo como "fazer avançar o tempo"; a direita gostaria de fazer parar esse tempo culturalmente monopolizado pela esquerda.

A reter, sobretudo, é que o posicionamento definido pela esquerda e pela direita foi rapidamente apreendido por grande parte de quem tomou contacto com ele, o que tem a ver com outras características que normalmente associamos à modernidade, como a adaptabilidade e a eficácia prática desta distinção. Até quem é contra esta dicotomia não tem dificuldade em situar-se linearmente entre esquerda e direita, e, sobretudo, rapidamente situa os outros em relação a si ("ele está muito à minha direita", "ela é uma esquerdista exagerada", "eles têm a mania que são centristas"). Mesmo quem não se preocupa em definir estes termos sabe mais ou menos o que eles contêm, e pode identificar certas causas, movimentos ou até estilos de vida com a esquerda ou a direita. O acordo pode não ser total, mas em termos genéricos há uma espécie de consenso prático acerca do que significam a esquerda e a direita em cada contexto. E essa realidade torna-se ainda mais notável pelo facto elementar, que vimos atrás, de esquerda e direita serem categorias separadas por uma visão do tempo, mas também alteradas pelo próprio tempo. Esquerda e direita são alvos em permanente deslocação — e, ainda assim, nós sabemos aproximadamente onde se encontram. Por que motivo é assim?

PREENCHENDO
A ESQUERDA E A DIREITA:
UM AR DE FAMÍLIA

Esta visão da esquerda e da direita perante o tempo poderia ser uma das características fundamentais que nos ajudariam a distinguir uma da outra. Mas não digo "a" característica porque não acredito que haja uma. Distanciamo-nos agora de uma tarefa com certos pergaminhos filosóficos, que trata de identificar a característica diferenciadora fundamental entre as nossas categorias. Para certos autores, o fator distintivo seria a liberdade, para a direita, e a igualdade, para a esquerda. Para outros, o que separa a esquerda da direita é o estado, sendo a esquerda estatista e a direita "liberal". A visão da natureza humana, como aventámos no capítulo anterior, é a diferença operativa para muitos autores: a direita teria uma visão pessimista da natureza humana, obrigando a uma sociedade regrada e coerciva, e a esquerda uma visão otimista da natureza humana, que lhe permitiria esperar pela superação das desigualdades e injustiças pela ação humana.

Algumas destas distinções são úteis, outras nem por isso, e outras não o são de todo. Se fosse possível decidir a questão da esquerda e da direita através da posição perante o estado, não teríamos esquerda nem direita, nem precisaríamos dessa distinção: bastar-nos-ia ter estatistas e antiestatistas. Mas aí criaríamos mais problemas em vez de os resolvermos, pois não teríamos onde pôr a direita estatista, que é importante e com uma vasta história, tal como não conseguiríamos arrumar no nosso esquema a esquerda libertária. Reduzir a esquerda e a direita a um único fator de distinção permite apenas deslocar o problema. Ora, ao invés de deslocar o problema, devemos antes tentar ampliá-lo. Ao contrário de pôr os estatistas à esquerda e os antiestatistas à direita, o que é interessante é saber porque há estatistas de esquerda e de direita, tentar entender o que os distingue e fazer o mesmo para os libertários de esquerda e de direita.

Já vimos que, embora o posicionamento no espectro esquerda-direita nos sirva adequadamente como fator de previsão do comportamento político, uma definição mais rica terá sempre de contar com a justaposição de vários planos. Sendo assim, a pessoa que assina estas linhas e que é de esquerda ajuda à sua definição dizendo que é de uma esquerda libertária, ecológica e internacionalista — o que é evidentemente muito diferente de ser de uma esquerda autoritária, industrialista e nacionalista, mas também muito diferente de ser de direita, mesmo que esta pudesse ser em simultâneo libertária, ecológica e internacionalista.

O que é interessante na esquerda e na direita é que elas correspondem também a um feixe de distinções, e que estas são variáveis de caso para caso. Ainda assim, teremos de demonstrar que há um valor acrescentado na esquerda e na direita que é maior do que a soma das partes de cada uma. O que poderei eu dizer acerca de mim, se disser que sou de esquerda, que não se soubesse já por ser libertário, ecológico e internacionalista?

A melhor maneira de entendermos as diferenças entre esquerda e direita é socorrermo-nos do conceito de "ar de família", introduzido pelo filósofo Ludwig Wittgenstein. Dizia Wittgenstein que existem categorias de coisas que não se definem por uma característica, mas por várias, sendo que todas essas características não se encontram em todos os elementos da categoria. No seu exemplo mais célebre, a categoria "jogos", inclui vários tipos de coisas a que chamamos jogos: a dinheiro e de graça, de cartas e ao ar livre, individuais e coletivos, de equipa ou não, em torneios ou singulares, com bola ou sem bola. Cada jogo tem várias destas características, uns têm algumas, mas não outras; e mesmo que, no limite, dois jogos não partilhem quaisquer características entre si, ambos continuam a fazer parte da categoria "jogos".

Wittgenstein chamou a isto "ar de família" porque é assim que percebemos genericamente a pertença a uma mesma família: a filha tem os olhos do pai, o filho tem o nariz da mãe, a irmã tem lábios parecidos com os do irmão, e a sobrinha pode já não ter nenhuma característica do tio, mas continuar a parecer da mesma família.

Podemos levar a comparação mais longe. Afinal, todas as famílias têm nariz, boca, orelhas etc. E essas características até podem ser mais visíveis do que as diferenças entre elas, mas não são aquilo que fazem delas uma família.

Assim, também a esquerda e a direita têm, dentro de cada uma, o seu ar de família. Nós reconhecemo-lo, é indesmentível. Sabemos dizer rapidamente se uma posição é de esquerda ou de direita. Podemos discordar na identificação ou podemos ter dificuldade, como acontece com uma pessoa a quem é pedido que diga com qual dos pais é mais parecido, em pôr o dedo nas características separadas e individualizá-las. Mas, ainda assim, o ar de família está lá e, com um esforço suplementar de observação e descrição, conseguiremos transmiti-lo.

Ao mesmo tempo, como todas as famílias têm narizes, olhos e bocas, também há elementos permanentes na esquerda e na direita. O estado é um fator fundamental da política moderna, e assim esquerda e direita têm diversas posições (no plural) sobre o estado, às vezes parecidas entre si, embora nem sempre tenham a mesma origem. A visão do progresso é outro elemento essencial: o que é avançar? como se sabe para que lado é o futuro? — e assim a esquerda e a direita precisam de ter visões (mais uma vez, no plural) do que é o progresso. O mesmo para o indivíduo, a família, a natureza, a nação, os homens e as mulheres, a tradição etc. Em cada um desses casos, há sempre uma série de posições e atitudes sobrepostas ou entrecruzadas. E, na sobreposição e entrecruzamento dessas atitudes, encontraremos o perfil reconhecível e partilhável da esquerda e da direita.

Uma vez que há essa pluralidade toda, poderíamos perguntar-nos porque não usar simplesmente o plural, e falar de "esquerdas" e "direitas"? Podemos certamente fazê-lo, mas esse recurso resolve menos o nosso problema do que o adia. Pois mesmo que falemos de esquerdas e direitas no plural, o facto é que elas, ainda assim, teriam de partilhar uma categoria cada, a categoria das esquerdas e a categoria das direitas, e estas precisariam de ser identificadas. Por outras palavras, se usássemos "esquerdas" e "direitas" no plural, para evitar ter de dizer "esquerda" e "direita", encontraríamos o mesmo problema na etapa seguinte: afinal, todas as "esquerdas" teriam de ser de esquerda e as "direitas" de direita. Continuaríamos a precisar de ter uma ideia do que define uma e outra. O problema persiste, no singular ou no plural.

Mas a metáfora do "ar de família" permite-nos gerir melhor a ansiedade de encontrar "a" característica que resume esquerda ou direita. Estamos afinal a falar de categorias resultantes da criatividade e da espontaneidade humana, e de uma tradição cultural que já leva dois séculos; não estamos a identificar elementos físicos pelo seu peso atómico. O importante, mais do que encontrar a partícula definidora, é saber identificar e reconhecer o "ar de família" da esquerda e da direita. Afinal, como fazemos noutras vertentes dos estudos humanos, ao identificar estilos artísticos, em história da arte, correntes literárias, em literatura, tribos urbanas, em antropologia, ou dialetos, em linguística. A busca é qualitativa, interpretativa, por aproximação e nunca definitiva.

O conceito "ar de família", em política, tem outras utilizações, das quais uma das mais conhecidas ocorreu num ensaio de Umberto Eco sobre o fascismo. O fascismo pode conter as seguintes características: militarismo, autoritarismo, racismo, colonialismo, corporativismo, mobilização de massas etc. As várias versões de fascismo, escreveu ele, podem apresentar algumas ou todas as características, com intensidades diferentes: o fascismo num país é mais corporativista e autoritário do que racista, noutro país encontramos o militarismo, o autoritarismo e o resto, mas não o colonialismo. Podem ainda acrescentar-se características específicas:

num determinado país, o fascismo é tradicionalista; noutro, é influenciado pelo futurismo. Algumas dessas características podem até parecer — ou ser — contraditórias com as restantes. As sínteses de opostos e amálgamas de elementos díspares são receitas recorrentes no cardápio de políticos e movimentos, pelo que isso não nos deve surpreender.

Será que podemos aplicar o mesmo processo à esquerda e à direita?

Outro autor italiano, Norberto Bobbio, declarou que a oposição entre a esquerda e a direita não estava na liberdade, mas na igualdade. A liberdade, dizia ele, opõe moderados a extremistas dentro de cada campo; é num entendimento diferenciado da igualdade que reside a diferença essencial entre esquerda e direita. Cito Bobbio porque ele não nos apresenta "a" característica, mas um feixe de vertentes diversas no entendimento da esquerda e da direita sobre a igualdade.

Assim sendo, para Bobbio (num resumo das suas ideias, feito pelo historiador Perry Anderson em 1996), a esquerda acredita que:

1. Por natureza, os seres humanos são mais iguais do que desiguais;
2. As desigualdades entre seres humanos podem ser alteradas;
3. Poucas ou nenhumas desigualdades têm uma função positiva;
4. Cada vez mais desigualdades desaparecerão ao longo da história.

Bobbio faz corresponder cada uma destas proposições à factualidade, à alterabilidade, à funcionalidade e à direcionalidade histórica da igualdade. A direita, como seria de esperar, acredita o contrário de cada uma delas. A direita considera que:

1. Por natureza, os humanos são mais desiguais do que iguais;
2. Poucas formas de desigualdade poderão ser alteradas;
3. A maioria das desigualdades desempenha uma função positiva;
4. Não existe nenhuma direcionalidade na sua evolução.

Evidentemente, ninguém traz embutido este conjunto de instruções acerca do que achar sobre a igualdade e a desigualdade. Na maior parte dos casos, uma pessoa — de qualquer dos campos políticos — pode até concordar mais com algumas destas proposições do que com outras, ou, com mais ou menos consistência, defender algumas da primeira lista e ser cético sobre outras, considerando mais plausível outras da segunda lista, ou vice-versa. Talvez seja mais correto dizer que as pessoas de esquerda são mais favoráveis ao que está na primeira lista, e as de direita mais categóricas nas afirmações da segunda lista, sem terem umas e outras de ser dogmáticas naquela sequência. Isto é um "ar de família" e não um credo; diferentes pessoas de esquerda e de direita enfatizariam aspetos diferentes da lista, ou acrescentariam outros.

Talvez ajudasse também dizer que, ao passo que algumas pessoas "acreditam" numa das versões acima, outras anseiam por que seja verdade, outras lutam para que uma daquelas visões seja consensual na sociedade, ou para que se constitua como política dominante — por vezes, independentemente de essa ser a sua visão antropológica, histórica ou filosófica. As pessoas não são, em geral, e felizmente, absolutamente lineares entre todas as suas crenças e atitudes: um pessimista antropológico pode ser, politicamente, um progressista, tal como um misantropo pode praticar a solidariedade. Parafraseando Kant, a questão não está em profetizar como inevitável o progresso humano, mas em lutar para garantir que ele aconteça.

O mesmo exercício poderia ser tentado para a liberdade. Num ensaio célebre, Isaiah Berlin distinguiu dois tipos de liberdade: a liberdade negativa ("livre de"), que hoje é mais associada à direita, e a liberdade positiva ("livre para"), mais associada à esquerda.

Para a direita, seguindo a sugestão de Berlin, a liberdade seria vista sobretudo como não-interferência. Desde que não me seja impedido — por exemplo pelo Estado — fazer algo que eu poderia legitimamente fazer (abrir uma empresa, contratar ou despedir gente), a minha liberdade está garantida tanto quanto a política pode ou deve garantir. Para a esquerda, um desiderato de liberdade positiva necessitaria de bem mais do que isso; para eu ter "liberdade para" poderia precisar, por exemplo, de ajuda para concretizar o meu potencial — mesmo que ninguém me impeça de aprender a ler, alguma medida tem de ser tomada para que haja um professor nas redondezas, acesso a livros etc. Explorando um pouco, vemos que estas versões da liberdade não são incompatíveis; o "ar de família" da direita tende a concentrar-se na primeira e a menosprezar a segunda, ao passo que para a esquerda a primeira lhe será insuficiente e insistirá para que a segunda se realize.

Mais uma vez, estas categorias às vezes demasiado rígidas devem ser historicamente matizadas. Como vimos atrás, a aprovação da Declaração dos Direitos do Homem e do Cidadão, em 1789, foi uma vitória da "esquerda" da Assembleia Constituinte francesa contra os adeptos dos direitos feudais; mas foi imediatamente notado que faltava à panóplia de direitos dessa declaração tudo o que dizia respeito às esferas económica e social. Por outras palavras, essa vitória da esquerda era feita quase só de "liberdade negativa" — não-interferência no direito de expressão, de associação etc. — e quase nada da "liberdade positiva" — garantia de direito a educação, a segurança no trabalho etc. — pela qual a esquerda passou a lutar nos dois séculos seguintes.

A divisão berliniana de liberdade negativa e positiva é claramente insuficiente para nos dar um "ar de família" mais completo sobre as diferenças entre esquerda e direita no que diz respeito à liberdade. Recentemente, um grupo de historiadores e filósofos políticos, entre os quais se incluem Quentin Skinner e Phillip Pettit, tem recuperado um conceito "republicano" de liberdade, que por sua vez já tinha sido recuperado no Renascimento a partir de autores romanos como Cícero ou Tito Lívio: é a liberdade como não-dominação. Mais denso do que a liberdade "liberal" como não-interferência, este conceito republicano (ou neorromano) diz resumidamente o seguinte: "Não se é livre quando se está dependente da boa vontade de outrem, mesmo que se esteja confortável". Este conceito aproxima a liberdade da autonomia, ou seja, da capacidade para seguirmos a nossa própria vida, (e, apesar de terem nascido num mundo "feudal" e pré-capitalista, é interessante ver como readquirem atualidade na nossa época muito caracterizada pela precariedade laboral, na qual de novo ocorre que gente teoricamente livre se encontra na verdade dependente da boa vontade de outrem). Quando se está dependente da boa vontade de outrem, mesmo que se esteja confortável e se ganhe bem, encontramo-nos sempre numa situação de subordinação e eventual vulnerabilidade. É, pois, importante agir politicamente para que os indivíduos disponham de redes de segurança de caráter universal, e proteções garantidas por lei, que os deixem menos sujeitos à dependência da boa vontade de um patrão, um chefe ou um marido. Só assim as pessoas serão mais autónomas, e menos sujeitas a dominação.

Pelo menos isto é o que a esquerda acha. A direita tenderá a achar que a situação que emerge de uma decisão contratual sem interferência é naturalmente justa, ou, pelo menos, não passível de crítica política. Se fulano ofereceu o trabalho e sicrano o aceitou, se o contrato foi realizado, quem é a comunidade, o estado ou o sindicato para interferir? Quem pode dizer que esse contrato coloca alguém sob dominação? E, mesmo que isto seja parcialmente verdade, não é essa assimetria apenas uma condição natural do mercado, apenas mutável pelo esforço que cada um fizer, sem o tipo de interferências que a esquerda propõe? Sim, porque as redes de segurança e as proteções de que falámos acima, embora possam parecer justas a uma visão ingénua, podem ter o efeito pernicioso de prejudicarem globalmente a atividade económica e assim porem toda a gente numa situação de maior dependência — não só os empregados, como os empregadores.

A liberdade não paira sozinha no ar; ela é exercida por pessoas concretas, por sujeitos. E também aí há uma diferença de enfoque na esquerda e na direita. Os sujeitos da liberdade são diferentes para uma e para outra, tal como o são os seus heróis. O trabalhador ou o empreendedor, a libertação do medo do desemprego num caso, ou a liberdade para fazer negócio no outro. Recentemente, houve até uma adição ao arsenal da direita em termos de sujeitos da liberdade, quando o Supremo Tribunal dos EUA decidiu por maioria que as empresas eram pessoas jurídicas com direitos como os dos indivíduos, entre os quais a liberdade de expressão. Os meios da liberdade são também diferentes: não só a palavra, como o dinheiro. Sendo assim, as empresas deveriam ter a possibilidade, ao abrigo da sua liberdade de expressão, de financiarem sem quaisquer limites as campanhas políticas dos candidatos que entendessem. O estado não poderia interferir nessa liberdade básica.

A decisão foi vista como uma vitória para os libertários de direita, que tendem a ver o estado como uma máquina opressora de cuja presença há que libertar as empresas. Para um libertário de esquerda, a decisão é aberrante. Na sua visão, a liberdade é principalmente não-coerção, e para que um indivíduo não seja coagido há que limitar o poder das grandes estruturas, que tanto podem ser os estados como as empresas. Se alguma diferença há, as empresas tendem até a ser mais coercivas do que os estados, por não serem democráticas, e por outra razão: o capitalismo, ou seja, um sistema no qual o capital é a ferramenta de poder decisiva. Passo a explicar: cada um de nós dispõe apenas da palavra, que pode usar de forma potencialmente equivalente, na medida do seu talento e da sua vontade de falar. Mas o dinheiro encontra-se distribuído de modo bastante desigual, por isso, o capital de uma grande empresa pode esmagar a minha capacidade de intervenção política. Havendo a "formalidade do governo", como diria Paine, o problema do libertário de esquerda é com a coerção, mais do que com o estado ou a lei, e não hesita em pedir a proteção da lei contra o excesso de poder de coerção de uma grande empresa.

Outra diferença no entendimento da liberdade reside no problema do número, e na liberdade como autorrealização. Para um libertário de direita, é essencial libertar o indivíduo: se eu estiver livre, não há nada que os outros possam acrescentar à minha liberdade; se eu tentar acrescentar à liberdade do outro, poderei até torná-lo menos livre (um argumento habitual entre os libertários de direita defende que qualquer tentativa de lutar pela liberdade de um terceiro, seja pelo ativismo político ou pela produção legislativa, acaba por redundar, através de um efeito típico do princípio das consequências involuntárias, na diminuição de liberdade para todos). Um libertário de esquerda vê a coisa pelo ângulo oposto: eu não posso ser livre sozinho. Como propunha Bakunine, numa sociedade de escravos nem o proprietário é livre. Para eu me poder realizar, preciso de uma sociedade libertada, que entenda o benefício coletivo de ajudar cada indivíduo a florescer. Para o libertário de direita, "não existe tal coisa, a sociedade" (Margaret Thatcher) e a liberdade é individual ou não é.

Poderíamos continuar. Tal como no caso da igualdade, os pormenores podem mudar, ser diminuídos ou acrescentados. Já foram escritos grossos volumes sobre distinções que aqui glosámos numa frase. Mas o importante é que estamos perante um retrato a traço largo de uma esquerda e de uma direita cujo "ar de família" é reconhecível pela maioria das pessoas.

A maioria das pessoas não reconhece esse "ar de família" sob a forma de axioma filosófico, mas isso não quer dizer que a esquerda e a direita deixem de ser reconhecíveis.

Tanto psicólogos sociais como cientistas políticos tentam apanhar estas representações sociais através de perguntas mais aproximadas aos dilemas que se poderiam encontrar numa discussão coloquial. Podem, por exemplo, perguntar:

1. Deveriam os rendimentos ser tornados mais iguais, ou precisamos de desigualdades nos rendimentos para servirem de incentivo ao esforço individual?
2. Deveria o seu país ter como objetivo tornar-se uma sociedade igualitária, onde a diferença entre ricos e pobres é pequena independentemente do sucesso individual, ou uma sociedade competitiva na qual a riqueza é distribuída consoante o sucesso individual?
3. Preferiria que o seu país tivesse uma rede de bem-estar social robusta com impostos mais altos, ou que tivesse impostos mais baixos e os indivíduos fossem responsáveis por si mesmos?
4. Pensa que a competição é boa e leva as pessoas a trabalhar arduamente e a desenvolver novas ideias, ou que é má e traz ao de cima o que há de pior nas pessoas?
5. Pensa que o governo deveria tomar mais medidas para que toda a gente tenha um mínimo garantido, ou que as pessoas se deveriam esforçar para garantir esse mínimo por si próprias?
6. Deveria o governo deixar entrar no nosso país as pessoas que desejarem vir para cá, ou proibi-las de atravessarem as nossas fronteiras?
7. A homossexualidade é sempre aceitável ou nunca é aceitável?
8. O aborto é sempre justificável ou nunca é justificável?

Mais uma vez, não se trata de obter uma concordância absoluta com estas fórmulas, mas de encontrar uma proximidade, ou uma intensidade na concordância, em relação às posições que aparecem expressas nas perguntas. Os respondentes podem pontuar estas perguntas de 1 a 10, conforme concordam com a primeira ou a segunda proposição. E, como seria de esperar, num universo de tamanho razoável, as respostas tendem a dar uma distribuição consistente das pessoas num eixo esquerda-direita. Isso não quer dizer que a concordância seja total — grande parte dos indivíduos são ambivalentes ou combinam valores de esquerda e de direita e, se formos honestos, muita gente pode concordar com a maioria das posições do seu "lado", mas desconfiar que o "outro lado" tenha razão num caso ou noutro — contudo, há uma distribuição convincente entre universos de esquerda e direita. Mais importante do que isso, mesmo que haja — como há — uma concentração maior ao centro, a maior parte das pessoas não tem dúvidas de quais são as respostas de esquerda e as de direita, e essa identificação é transnacional: hoje em dia, esta distinção está em expansão, firmando-se e consolidando-se em países nos quais não existia ou era pouco nítida. E mesmo onde existia, mas sobreposta dentro dos partidos (como nos EUA, onde havia democratas de direita e republicanos de esquerda), a distinção tem ficado cada vez mais clara e polarizada; ainda nos EUA, desde que há estudos que não havia uma distância tão grande entre democratas à esquerda e republicanos à direita.

Mesmo quando as opiniões em temas concretos não são tão diferenciadas, permanecem — e nota-se no debate público — as grandes distinções entre esquerda e direita em relação ao que fazer. Como notou Albert Hirschman num pequeno e célebre livro (*The Rhetoric of Reaction: Perversity, Futility, Jeopardy*, 1991), a "retórica da reação" implica três tipos de respostas aos anseios da esquerda: futilidade, perversidade e risco. No primeiro caso, a direita diz: "É fútil fazer algo para diminuir as desigualdades (por exemplo), medidas governamentais neste domínio não servem para nada". No segundo: "Mesmo que se faça algo, podemos acabar por prejudicar aqueles que mais queremos ajudar (por exemplo, ao interferir com a atividade económica)". No terceiro caso: "Os riscos de fazer algo são maiores do que os de não fazer nada". Se substituirmos "diminuir as desigualdades" por "combater a precariedade" ou "regular os mercados financeiros", as respostas são as mesmas.

A distinção entre esquerda e direita está a ficar mais forte, e não mais fraca, na era da globalização.

ESQUERDA E DIREITA
NO TRÁGICO SÉCULO XX

Embora as pessoas de direita tenham certamente identificado naquilo que escrevi até agora o filtro de uma certa visão de esquerda, que eu não quero negar — até porque reforça a pertinência, quase a inevitabilidade, da nossa distinção —, a verdade é que fui tentando, até agora, escrever este livro como se houvesse uma repartição equilibrada de argumentos a favor da esquerda e da direita. Era necessário, porque não escreverá bem sobre esquerda e direita quem for exterior a essas categorias. Ora, evidentemente, eu não acho que haja um bom equilíbrio de argumentos entre esquerda e direita, e preparo-me para deslocar a perspetiva, nos próximos capítulos, para uma visão vincadamente de esquerda.

Antes disso, porém, achei necessário fazer aqui um interregno para falar sobre os crimes da esquerda e da direita no século xx. Faço-o porque, embora não haja equivalência perfeita entre ambas (se assim fosse, uma pessoa razoável seria equivalentemente de esquerda e de direita), também não há uma superioridade moral nem razões históricas para a reivindicação de um qualquer absolutismo de uma sobre a outra. Essa poderia ser a lacuna dos capítulos anteriores, e eu bem ouvi, em surdina, o leitor crítico: "Então ele só fala da esquerda dos direitos cívicos ou do fim da escravatura — e nunca refere a esquerda do Gulag, da coletivização forçada ou dos deslocamentos de povos?". Poderia responder que esta é uma obra preocupada com teoria, e que por isso importava desenhar de relance os traços essenciais da esquerda e da direita. Mas essa explicação não é satisfatória para quem declarou a historicidade destas categorias. Todas as suas materializações são relevantes para completar o nosso entendimento da esquerda e da direita, interagindo com a teoria política e a visão recíproca das próprias categorias de uma forma que se torna causa e consequência. Ou, de modo mais simples: os crimes da esquerda e da direita pertencem à esquerda e à direita e não podem ser omitidos. Creio que não é deslocado falar desses crimes, sobretudo tendo em conta os momentos que a Europa vive hoje.

Em geral, há duas hipóteses para quem deseja evitar encarar os crimes do seu campo. Primeiro, declarar que os crimes são da autoria de criminosos e que não encontram justificação na teoria — o que é historicamente incorreto, porque os criminosos, se o foram, justificaram-se em muitos casos na teoria e ela, em grande medida, caucionava essas justificações. Segundo, defender que eles são importantes historicamente, mas não para entender as categorias (só que estas, como vimos, são categorias históricas). Uma terceira hipótese, que pouco deve à honestidade intelectual, consiste em dizer que os crimes dos nossos adversários pertencem por inteiro ao seu campo político, ao passo que os crimes do nosso campo também pertencem aos adversários (que fizeram pior, ou tiveram culpa daquilo que teve de ser feito) e, portanto, não os subscrevemos como sendo do nosso campo. Ora, a subscrição individual tem pouco que ver com a atribuição histórica; pessoalmente, eu condeno os crimes de Stalin e não subscrevo o pensamento político que levou até eles, mas não me posso eximir a atribuí-los a um pensamento político que, por muito penoso que me seja, é de esquerda. O mesmo vale para a direita e o fascismo.

Mais duas palavras sobre a difícil relação emocional com estes crimes, importante para entender a identificação vincadamente pessoal (biográfica, histórica, individual) que temos com as categorias de esquerda e de direita. Uma das razões para nos recusarmos a encarar os crimes do nosso campo é a possibilidade de isso legitimar uma certa equivalência entre ele e o campo oposto que desejamos recusar (um dos exemplos é a polémica sobre a quantificação dos crimes de Hitler e de Stalin e uma putativa equivalência moral do nazismo com o bolchevismo). Outras vezes, recusamos esses crimes porque a nossa corrente ideológica (o conservadorismo, o anarquismo) não os perpetrou e, portanto, sentimos que a responsabilidade moral não é nossa. De qualquer modo, a responsabilidade moral não é nossa, a não ser que tenhamos cometido ou justificado esses crimes, nem se desculpa o sentimento de superioridade clubístico-ideológica, uma vez que poucas ideologias se podem considerar isentas de crimes políticos (há anarquistas que mataram padres católicos na Espanha da Guerra Civil, conservadores que defenderam o massacre de populações indígenas nas colónias etc.).

Curiosamente, esta relutância ajuda a reforçar os argumentos para considerarmos esquerda e direita como *famílias* políticas, em vez de categorias mais estanques e definidas. Como em todas as famílias, não temos de gostar de tudo o que os nossos parentes fazem. Podemos até rejeitar certas características familiares que trazemos em nós. Mas não podemos negar que temos essas características e esses parentes, como não podemos negar estas personagens históricas e as tragédias que trouxeram, mesmo se — eu diria *sobretudo* se — se identificaram como pertencendo ao nosso campo político.

Mais importante é entender o que nas ideologias e na política pode ter levado a Europa e o mundo às grandes catástrofes do século xx.

Disse atrás que a divisão entre esquerda e direita não esgota a realidade política. Podemos ser de esquerda ou de direita, progressistas ou conservadores, revolucionários ou reacionários, ecologistas ou mercantilistas. A distinção entre libertário e autoritário é pelo menos tão importante quanto a distinção entre esquerda e direita — e ajuda a entender uma boa parte dos conflitos do século xx pela presença de uma esquerda e de uma direita autoritárias com uma potência praticamente igual. Já vimos, com Bobbio, que há uma oposição importante entre moderados e extremistas de ambos os campos políticos (embora não apenas, e não necessariamente, pelo conceito de liberdade). Outra distinção a ter em conta é a que separa absolutistas de relativistas, no sentido mais pragmático do que fundamental, ou, se desejarem, os que entendem a política como totalidade daqueles que a entendem como uma mera perspetiva sobre a vida. Essa distinção é, como disse, mais de atitude do que propriamente filosófica (embora possa ser ambas), e é ela que separa aqueles para quem a política deve ser um campo para uma vitória total sobre os adversários daqueles para quem uma vitória política não implica – e, em grande medida, deve até impedir – uma derrota total do campo oposto.

Acontece que, nos piores momentos de crise do século xx, a supremacia dentro de cada campo ideológico foi tomada por quem considerava que a vitória dos seus dependia do esmagamento total dos outros. Esta é uma atitude de poder mas, num certo sentido, não é uma atitude política. Diria mesmo, é uma atitude antipolítica. A política, na sua dimensão de relação com os outros, tem sempre um certo aspeto de jogo. E há gente para quem isso é repugnante. A política não é — não pode ser, dizem — um jogo! Não podemos admitir que o outro campo sobreviva para que possa continuar a jogar. Para que a esquerda vença, a direita tem de ser aniquilada. Para que a direita vença, a esquerda tem de ser aniquilada. Para que os proletários vençam, os burgueses devem ser erradicados. Para que a fé se preserve, os comunistas devem ser extintos. Para que o progresso avance, os obscurantistas devem ser expurgados. Poderia haver versões mais sofisticadas desta atitude (como no filme *1900*, de Bertolucci, em que dois velhos amigos de infância se encontram em campos opostos e o proletário se opõe à execução do proprietário, dizendo que ele deve ser executado como proprietário, mas poupado como ser humano), mas a verdade é que uma propaganda brutal difundiu a versão mais básica e grosseira, chegando ao ponto em que ela não só se tornou um perigo para os adversários como sobretudo para os moderados do próprio campo, que estavam mais à mão. Como podes ser de esquerda e não querer extinguir já a direita? És no mínimo um frouxo, ou pior ainda, um trânsfuga e um traidor. No momento atual, és um perigo ainda maior do que o inimigo etc.

Dizia que a divisão entre absolutistas e relativistas era mais pragmática do que fundamental, por querer evitar a polémica filosófica entre estes dois termos. Por isso podemos também, dentro da esquerda e da direita, traçar uma divisão entre pragmáticos e fundamentalistas. Esta divisão é mais adequada do que a normalmente usada, entre pragmáticos e idealistas, e deve suplantá-la. Isto é assim porque, em política, os pragmáticos e os idealistas não se opõem, e muitas vezes até se sobrepõem. Muitas vezes, não há outra hipótese para quem é idealista, e quer alcançar a mudança agora, do que ser pragmático. Quem quer obter o ideal da paz deve chegar a um acordo com o inimigo, e ser pragmático para o fazer. A verdadeira oposição é entre pragmáticos, que desejam alcançar uma mudança prática, e fundamentalistas, que não desejam separar-se dos seus fundamentos e só descansarão quando toda a gente tiver abandonado os seus princípios para adotar os fundamentos deles.

Três notas finais sobre este tema.

Acresce que, no final do século XIX e durante todo o século XX, esquerda e direita tiveram de se adaptar a uma realidade de uma enorme transformação em curso, a industrialização. Esta foi a causa das grandes clivagens políticas entre esquerda e direita, e dentro delas também. Marx e Engels, é conhecido, postularam que toda a história era a história da luta de classes, e o estádio crucial dessa luta no seu tempo opunha o novo proletariado industrial à burguesia dominante da era anterior. Os seus adversários poderiam não concordar com as premissas nem com as conclusões, mas concordavam que um mundo novo estava a nascer por causa da indústria: viam-no mover gente, transformar comunidades, acabar com tradições. Preocupavam-se com essa mudança, angustiavam-se, combatiam-na, tiravam proveito dela, glorificavam-na — a revolução industrial era o grande acontecimento da sua época, aquele perante o qual todos eram forçados a posicionar-se. Com a industrialização nasceram uma arte e um fenómeno crucialmente políticos — a gestão e a massificação. A indústria não era só um tema, mas também um método e um instrumento da política. Este é um elemento essencial da história política do século xx, porque nos permite entender que, quando as grandes catástrofes humanas aconteceram, elas aconteceram de forma industrial. Com ferramentas industriais, métodos de planeamento industrial e escala industrial — foi assim que ocorreu o holocausto, exemplo cimeiro dos crimes da política. O passado teve muitos crimes, e o futuro viria a tê-los também, mas esse caráter industrial multiplicou o potencial destrutivo das famílias políticas da modernidade.

Em segundo lugar, um outro elemento central do século xx foi o triunfo do estado como forma de organização política. O estado teve no plano político o mesmo tipo de centralidade que a indústria ganhou no plano económico. Várias realidades faziam mover muitas pessoas: a igreja, o sindicato, o partido, o clube desportivo, a empresa. Só o estado fazia mover todas as pessoas: na escola, no serviço militar, na administração de todos os aspetos da vida prática.

Mesmo onde havia separação de poderes, os vários poderes funcionavam sob o mesmo chapéu do estado, de uma forma que ainda não era verdade no século XVIII. Os tribunais administravam a justiça em nome do estado, os parlamentos representavam a nação perante o estado, os governos davam execução à razão de estado. O estado do século XX era uma máquina eficaz, gerindo desde as linhas da logística para o pão até à demarcação de fronteiras e à gestão dos grandes movimentos migratórios — uma máquina tão eficaz que levou muitos a considerar que ela deveria ser total. Daí nasceu uma ideologia do estado que foi ainda mais forte à direita do que à esquerda. Na esquerda, onde o estado concentrou em si todos os meios de produção, isso ainda aconteceu sob o pretexto (mais ou menos hipócrita, e sucessivamente prolongado) de que isso acontecia apenas de forma transitória — embora existam ainda hoje partidos que proclamam que o socialismo é "a alocação científica dos recursos, feita pelo estado" (que podiam ou não escrever com maiúscula), a doutrina socialista original era a de que o socialismo permitiria a superação do estado. Mas só à direita, com o fascismo, se pôde declarar que era "tudo pelo Estado, nada contra o Estado" (tal como "Nação", escrito sempre em caixa alta). Correndo o risco de cometer um anacronismo, pode admitir-se que tenha havido antes do século XX um totalitarismo ocasional em seitas religiosas ou em certas cortes imperiais. Mas, no século XX, é impossível pensar o totalitarismo sem pensar o estado.

Em terceiro lugar, e de certa forma sobrepostos aos dois desenvolvimentos anteriores, temos o colonialismo e o racismo. O estado e a indústria não inventaram o racismo e não foram os únicos a defender e estimular a grande vaga colonizadora do século XIX, que se prolongou pelo século XX adentro. Mas deram-lhe escala, recursos, e métodos. Nos casos em que o racismo foi uma política oficial de estado, como no holocausto antijudeu e anticigano, o genocídio foi em grande medida estruturado segundo os métodos da gestão industrial e da administração estatal. Esta aplicação é também evidente no empreendimento colonial, que deixou marcas que se prolongam muito para além da sua vigência. Os primeiros grandes genocídios, ainda no século XIX, ocorreram em África: os primeiros campos de concentração alemães foram na Namíbia. Daí até às últimas guerras coloniais — dos portugueses em África —, a experiência colonizadora ficou como uma marca indelével tanto nas ex-metrópoles como nas ex-colónias. Uma grande parte da circunstância da Europa, da sua sociedade, e do seu entorno é ainda hoje condicionada pelos efeitos da sua expansão colonial.

Em algumas das grandes tragédias do século XX, estes aspetos combinam-se com a obsessão ideológica. Se é inegável, contudo, a presença da esquerda e da direita nesses crimes — e inevitável a sua presença neste livro —, deve ter-se em atenção que se pode discutir em que medida a ideologia é causa e motor. Já disse acima que, mesmo quando ela é "só" justificação, isso já é suficiente para que não possamos discutir política sem discutir os crimes da política, por razões que são tão filosóficas como morais. Mas isso tem um significado concreto. Em grande medida, Stalin fez política imperial russa, igual à dos czares mas com etiqueta "soviética", sob a capa de argumentos da esquerda. Hitler empenhou-se numa política expansionista pangermânica para a qual cooptou argumentos de direita. Saber o que havia nesses argumentos que poderia dar justificações ou permitir cooptações (a luta dos proletários, a necessidade de espaço vital para a nação) é importante para entender a esquerda e a direita. Mas não esgota o nosso entendimento de ambas.

Falávamos há pouco de tempovidência. Há também uma "visão do tempo" no totalitarismo que é amplamente partilhada, onde a história tem um fim e acaba com as divisões e diferenças de opinião na sociedade. Há um momento a partir do qual não há mais antagonismos, e por isso as visões políticas totalitárias abusavam tanto da palavra "final": a "vitória final" dos proletários ou a "solução final" dos povos arianos contra os judeus. A ideia de que há um ponto a partir do qual a política acaba permitiu também extinguir partidos políticos e acabar com a própria ideia de oposição. A tempovidência totalitária, embora tenha versões de esquerda e de direita, é paradoxalmente contra a esquerda e a direita enquanto dinâmica essencial da modernidade. Para os totalitários, a vitória há de ser tão completa que não haverá mais esquerda nem direita; restará só a nação unida, ou a classe unida, sem divisões.

Talvez o maior legado moral das tragédias do século xx seja a obrigação partilhada, na esquerda e na direita, de combater esta visão do fim da política. À antipolítica, que se propõe esbater e apagar todas as diferenças, deveremos contrapor a política em toda a sua perene dignidade naquilo que mais irrita os totalitários — ou seja, como dinâmica, como jogo democrático, como forma de fazer avançar os nossos ideais sabendo que algo se encontra sempre do lado de lá: novos problemas, novas soluções, novíssimos problemas, mais soluções incompletas e temporárias, e assim sucessivamente. Devemos recuperar a ideia de que esquerda e direita nos serviram e continuarão a servir para superar as nossas divisões tribais e sectárias do passado, as nossas lealdades clientelares a senhores feudais, as guerras mercenárias contra ou a favor de dinastias e impérios — e não para repetir tudo isso, apenas com novas etiquetas.

PARTE SEGUNDA

ESQUERDA E DIREITA
NO INÍCIO DO SÉCULO XXI

Quando os fascistas chegaram ao poder em Itália, em 1922, um dos primeiros sucessos que proclamaram ao mundo foi o de terem organizado a ferrovia italiana e conseguido que os comboios passassem a chegar a horas. Provavelmente no ano seguinte, em Portugal, o poeta Fernando Pessoa escrevinhou o seguinte:

> A obra principal do fascismo é o aperfeiçoamento e organização do sistema ferroviário. Os comboios agora andam bem e chegam sempre à tabela. Por exemplo, você vive em Milão; seu pai vive em Roma. Os fascistas matam seu pai mas você tem a certeza que, metendo-se no comboio, chega a tempo para o enterro.

Como vimos no fim da secção anterior, os crimes da esquerda e da direita foram também, em muitos casos, crimes contra a esquerda e a direita — perpetrados por quem proclamava superar as distinções políticas, partidárias ou de opinião dentro da nação, do estado ou da classe.

Mas foram também, muitas vezes, cometidos num quadro mental povoado por objetivos supostamente indiscutíveis. A eficácia, a competência, a pontualidade, a produtividade são objetivos desse género. Em si, toda a gente prefere a competência à incompetência, a eficácia à ineficácia. Daí a dizer-se que as diferenças políticas entre pessoas pouco importam porque aquilo de que necessitamos é de gente competente vai só um passo, e é um passo que todos nós damos diariamente.

Contudo, ao fazê-lo, esquecemos que a eficácia ou a competência são apenas prezáveis num quadro de princípios, valores e ideais. A eficácia na construção de uma escola não é, claramente, a mesma coisa que a eficácia na condução de um massacre. E se, a um nível menos extremado, se pode dizer que é preferível uma governação do campo político adversário que seja competente a uma do próprio campo político que seja incompetente, ainda assim a competência continua a ser um valor subordinado que não pode automaticamente excluir a hipótese de uma governação que seja, em simultâneo, do nosso campo político e competente.

Mesmo exigências mais políticas e menos técnicas, como a da honestidade, necessitam de ser entendidas num quadro de valores maiores. Até Robespierre, instigador do Terror revolucionário que levou milhares de cabeças à guilhotina, era conhecido como "o incorruptível". À semelhança dele, há outros casos, raros é certo, de tiranos que não enriqueceram nem se deixaram corromper enquanto zelavam pela continuação de regimes essencialmente injustos e moralmente corroídos.

Vale a pena vincar este ponto porque hoje são de novo fortes os argumentos defendendo que as diferenças ideológicas ou de opinião devem ser secundarizadas em relação a critérios objetivos, neutrais e se possível quantificáveis de sucesso. Esses argumentos não precisam de advogar a eliminação direta dos adversários, como nos anos 1930, para serem politicamente perigosos. Eles são perigosos porque esvaziam a possibilidade de deliberação democrática de uma sociedade plural, que encontre em si os seus próprios interlocutores, e que decida a cada momento para onde quer ir. São perigosos porque, ao escolherem critérios indiscutíveis, automaticamente esvaziam a discussão, e com ela a persuasão, que fazem de nós humanos. São perigosos porque, no fundo, substituem a democracia pela demagogia.

Nem todos os argumentos que esvaziam a diferença e a escolha são fascistas. Alguns são bem-intencionados; muitos são interesseiros e oportunistas. E todos, por natureza, atalham as questões da incerteza, da complexidade e da falibilidade que fazem a riqueza da democracia.

Um exemplo frequente é o da crença na supremacia do mercado — que se materializou naquilo a que correntemente chamamos "neoliberalismo". No seu aspeto mais básico, trata-se de uma ideologia da "naturalidade" indiscutível do mercado que repele qualquer iniciativa democrática sobre este. O mercado, nesta versão, já é livre, e não só não precisa de ser democrático, como funcionaria pior se tentássemos que ele fosse mais democrático. Daqui procede que, para lá do mínimo necessário, todas as tentativas de autogoverno da comunidade estão fadadas ao fracasso. Se o mercado é naturalmente superior às tentativas humanamente imperfeitas de o melhorar, todo o excesso de escolha deliberada coletiva ("política", "democracia", "estado", "regulação") resultará fatalmente no contrário daquilo que se pretende: quando se quer produzir igualdade produz-se desigualdade, se queremos crescimentos teremos estagnação etc. As coisas são forçosamente como são, indiferentemente da esquerda e da direita.

A prevalência destas ideias levou muita gente a contestá-las lembrando o velho adágio segundo o qual "se alguém nega a diferença entre esquerda e direita, é porque esse alguém é de direita". E, em muitos casos, verificava-se essa intuição. As vozes que argumentam que, como são os mercados que interessam acima de tudo, a diferença entre a esquerda e a direita é irrelevante, pertenciam geralmente a personagens mais típicas da direita: o gestor de uma multinacional, o tecnocrata, o investidor e especulador financeiro, o político que afirma que o estado deve ser gerido como quem gere uma empresa. A insinuação de que eles eram, no fundo, personagens de direita em negação implicava que eles tinham interesse (consciente ou subliminal, material ou simbólico) em negar a diferença entre esquerda e direita.

Curiosamente, os últimos anos revelaram novos atores políticos com um novo interesse em negar a diferença entre esquerda e direita, e que neste caso têm origens na esquerda. Não por acaso, apresentam-se como antagonistas dos primeiros. Para eles, o sistema pertence a uma "casta" dominante que deve ser combatida, e o antagonismo entre o "nós", que não somos da casta, e o "eles", que são da casta, deve ser superior às diferenças dentro de cada um dos grupos. Desta forma, se pouco interessa que um elemento da casta tenha ideias progressistas ou diga coisas acertadas, também pouco interessa que um elemento que não seja da casta seja conservador ou tenha um discurso, intencionalmente ou não, anticívico. A pertença de casta de um e a não-pertença de casta de outro: tudo condena ou tudo elimina. Segundo estes novos defensores da superação ou da "desatualização" dos conceitos de esquerda e de direita, há novas possibilidades táticas e estratégicas nesta ordenação da sociedade através de um antagonismo entre a casta e a não-casta: tal como é necessário antagonizar os membros da casta, mesmo se bem-intencionados — e sobretudo *se* bem-intencionados —, também se torna possível forjar alianças com chauvinistas, demagogos, autoritários e obscurantistas, desde que não sejam da casta. Isto dá votos e tem sucesso. Algumas das pessoas vindas da esquerda mas que passaram a negar a distinção ideológica básica da política moderna acabam por se tornar assim muito semelhantes aos seus homólogos de direita que criticavam, fazendo a sua adaptação ao meio supostamente "pós-ideológico" por interesse próprio, por vezes de forma bastante evidente.

Vale a pena fazer uma pausa para notar que, tal como o sistema de trocas económicas (o "mercado") tem de facto uma grande preponderância nas nossas vidas, também a compartimentação funcional da sociedade (figurativamente descrita pelo termo "casta") se tem reforçado nos últimos anos. Uma coisa, contudo, é utilizar termos como "mercado" e "casta"; outra é fazer deles o alfa e o ómega da política.

Para designar uma classe de superexecutivos que podem determinar os próprios salários, usar a complexidade financeira a desfavor dos seus clientes, ou forjar as próprias regras para o cartel a que pertencem utilizei, também eu — ainda antes da crise de 2008 —, o termo "casta". É notória a tendência endogâmica que têm com eles os políticos que defendiam essas práticas, e que hoje continuam a beneficiar da porta rotativa entre a administração do estado e das empresas, e que reforça, ilustrando, essa impressão de estarmos perante uma casta. Num livro sobre a União Europeia, comparando-a ironicamente com a República Federativa da Índia, argumentei que a multiplicidade de línguas não impede a formação de uma democracia mais do que, em última análise, a existência de castas (que na Índia são às centenas, ao passo que na Europa são apenas duas — "os banqueiros e todos os outros").

Não deixa contudo de me preocupar que uma teoria de ação política completamente baseada no antagonismo entre o "nós" e o "eles" — de resto historicamente associada a um teórico da direita autoritária, Carl Schmitt, que vinculou uma parte da sua carreira ao nazismo e proclamou um conceito da política enquanto "distinção entre o amigo e o inimigo" — se limite a substituir os elementos da casta (como supremos intérpretes do "mercado") pelos autoproclamados intérpretes do "nós" contra os interesses da "casta". Supõe-se assim que este "nós" excludente seja agora tão indiscutível como era antes o "mercado" para os seus profetas. Ora, a política democrática, no seu melhor – que desde o início da modernidade se tem revelado tão difícil de atingir –, *não trata de substituir o discutível pelo indiscutível*. Pelo contrário. O discutível, sempre o discutível, é que nos há de guiar.

Existem, contudo, outros candidatos a *indiscutíveis*. A corrupção é um deles. E aqui, mais uma vez, não há que negar: a corrupção é um grave problema nas nossas instituições, tantas vezes excessivamente complexas. Uma sociedade menos corrupta é essencialmente mais democrática do que uma sociedade mais corrupta. Mas não se pode pretender combater a corrupção tornando a sociedade menos democrática. Por seu lado, tornar a sociedade mais democrática envolve muito mais coisas — no estado de direito, na estrutura social, no modelo de desenvolvimento, na cultura cívica, nos objetivos educacionais — do que apenas combater a corrupção.

Combater fenómenos inegavelmente maus — é melhor ser governado por incorruptos do que por corruptos, ser administrado competentemente do que incompetentemente e, no quadro de valores correto, a eficácia é superior à ineficácia — envolve sempre mais discussão e menos discurso do "indiscutível". Desde logo, porque aqueles que desejam fazer a política do indiscutível raramente se incomodam com o lastro que deixam atrás de si. Esse lastro discursivo pode ser exteriormente sobre a corrupção, mas é interiormente de corrosão. O seu efeito corrói a legitimidade da política, a confiança na ação coletiva como forma de resolver problemas comuns, a ligação entre os cidadãos e o civismo. Chamo-lhe, às vezes, "populismo", mas o problema está sobretudo na demagogia e no culto da autoridade pura que esse populismo transporta consigo.

Por isso eu dizia que as tentativas de esvaziar as diferenças entre esquerda e direita, e de negar a relevância política dessas diferenças, acabam por substituir — de forma interesseira ou não, inconsciente ou não — a democracia pela demagogia. Pois se excluirmos os pontos cardeais, as direções de trânsito e até os mapas que tentam aproximar-se sempre imperfeitamente da realidade, a única coisa que nos resta dizer às pessoas é "venham atrás de mim". E essa é a figura do demagogo. Aquele ou aquela que diz "vocês não precisam de diferenças de opinião política, venham atrás de mim porque eu sei decifrar os mercados", ou "venham atrás de mim porque só eu sei combater a casta", ou "venham atrás de mim porque eu trago o fim dos corruptos".

A conquista civilizacional da modernidade foi precisamente a de não irmos atrás de ninguém. Nem rei, nem patrão, nem sacerdote, nem autoproclamado profeta. Lográmos chegar a um ponto em que podemos ir uns ao lado dos outros, ir por caminhos comuns ou alternativos, caminhar sozinhos até, quando e se o desejarmos.

E para isso não só continuamos a precisar de palavras que descrevam o caminho — como "esquerda" e "direita" —, como até devemos recuperar e enriquecer o vocabulário aplicado à paisagem ideológica. A um nível mais profundo, há que revalorizar e reaprender os significados do progressismo e do conservadorismo, do liberalismo e do socialismo, do libertarismo e do ecologismo, do comunitarismo e do cosmopolitismo, e acrescentar-lhes as novas palavras que acharmos menos imperfeitas para conseguir mapear a nossa realidade. Quando cultivadas, são as palavras que nos distinguem sem nos separarem e que nos juntam sem esmagarem as nossas diferenças.

Mais ainda, nunca precisámos tanto delas como agora. A crise da viragem do século, nos seus múltiplos aspetos — das finanças e da globalização, das migrações e da integração, da tecnologia e do ecossistema —, só poderá ser eficazmente encarada se tivermos uma linguagem partilhada que nos permita expandir a democracia como comunidade de destino. Para isso, esquerda e direita não só subsistem, como são hoje uma distinção mais importante, mais operativa e mais relevante, exatamente ao contrário do que defendem os críticos desta distinção. É esse o dobrar da aposta a que eu me referia no início desta conversa, quando dizia que, ao invés de simplesmente alegar que esquerda e direita "ainda" fazem sentido, optaria por explicar a razão pela qual fazem ainda mais sentido do que antes.

Traçaremos a seguir três breves esboços sobre a encruzilhada em que nos encontramos — a nível nacional, europeu e global. Sem qualquer pretensão de exaustividade, eles pretendem meramente ilustrar como nos encontramos hoje numa situação de certa forma análoga à pré-modernidade, ou seja, impossibilitados de deliberar e agir coletivamente. E como, para recuperar ou, em alguns casos, ganhar pela primeira vez essa capacidade é necessário bascular decisivamente a política a várias escalas, substituindo o predomínio dos poderes fácticos pelo da deliberação democrática.

De certa forma, este plano corresponde ao de uma libertação política, e — se é que isso não se tornou cada vez mais evidente — é a partir de agora necessário que eu assuma em definitivo o meu lugar à esquerda, em oposição à direita.

PORTUGAL: 40 ANOS A ANDAR AOS CÍRCULOS

Portugal tem um caso de *sinistrismo*. Esta expressão, de origem italiana, usa-se quando as denominações da política estão enviesadas à esquerda. Como sabemos, a origem desta nossa condição está no período pós-revolucionário, quando quase todos os nossos partidos políticos foram fundados — só o Partido Comunista Português vinha de 1921 — e todos eles escolheram nomes à esquerda, uma vez que a direita estava associada à ditadura que acabava de ser abolida. Dos partidos maiores, o que estava mais à direita chamava a si mesmo o "centro" — o CDS, Centro Democrático e Social. Vários grupos se reclamavam da social-democracia, incluindo o PSD, então chamado apenas de PPD — enquanto afirmava posicionar-se no centro-esquerda europeu e tentava aderir (sem sucesso) à Internacional Socialista, o PSD rapidamente migrou para a direita na política portuguesa e, mais tarde, abandonou os liberais europeus para se sentar na família democrata-cristã, o PPE, Partido Popular Europeu, de centro-direita. O que ajuda a explicar a confusão, perante estrangeiros, quando tentamos dizer que o partido que em Portugal se chama social-democrata começou por estar com os liberais, depois com os democratas cristãos e hoje defende posições austeritárias. Continuando: no grupo onde se sentavam os principais representantes da social--democracia europeia, quem representava Portugal era o Partido Socialista. E por aí adiante.

Mas na verdade, este *sinistrismo*, embora simbolicamente curioso, não pressupõe nenhum tipo de preponderância prática da esquerda. Pelo contrário. Não só a prática essencial dos partidos se afasta daquilo que a sua nomenclatura poderia indicar, como o sistema partidário português tem um permanente viés para o centro e a direita. E, se pensarmos bem, assim não poderia deixar de ser. A forma como se faz política partidária (e sobretudo política interpartidária) em Portugal desvia sistematicamente a governação do país para a direita, de uma forma que muitas vezes não é justificada pelas preferências eleitorais dos portugueses — e que ainda menos o será pela base social de apoio da esquerda portuguesa, que é bastante ampla e porventura até maioritária.

Nas primeiras eleições da democracia portuguesa, a esquerda teve 63% dos votos. Mas a grande fronteira política do sistema passava então por dentro da esquerda, e não entre a esquerda e a direita. Por isso, foi possível que, nos primeiros anos da democracia portuguesa, tenham existido governos de coligação entre os partidos da direita e o partido de centro--esquerda (governo PS-CDS e governo PS-PSD, ou "bloco central") — ao passo que foi então impossível qualquer governo de coligação entre partidos de esquerda.

Passados quarenta anos, uma das sondagens mais recentes diz-nos que a esquerda portuguesa tem quinze pontos percentuais de vantagem sobre a direita, e outras sondagens dão à esquerda portuguesa os mesmos 63% dos votos que ela teve nas primeiras eleições democráticas. No entanto, continua a ser impossível, ou pelo menos a parecer impossível, um governo de coligação entre o centro-esquerda e a esquerda em Portugal.

Muita coisa mudou: entrámos na União Europeia, o muro de Berlim caiu, o mundo já não está dividido em dois blocos. Algumas das razões que em tempos justificaram a divisão da esquerda portuguesa já não existem.

Mas a esquerda portuguesa não mudou. Continuou, na prática, tão dividida como quarenta anos antes, e incapaz de encontrar causas comuns para compromissos governativos ou, pelo menos, políticas conjuntas.

O que é notável é que isso aconteceu mesmo quando algumas das causas mais identitárias da esquerda portuguesa correram sério risco, nomeadamente naquilo que se designa por "estado social". Ora, nos últimos anos, estiveram sob pressão da direita, e por vezes mesmo sob ataque direto, todos os elementos essenciais do estado social: o serviço nacional de saúde, a educação pública, a segurança social e, claro, o próprio consenso constitucional. E a esquerda protestou, é claro. Denunciou, e muitas vezes bem. Por vezes fez propostas, é justo dizê-lo. Mas não demonstrou ter verdadeira vontade de quebrar o tabu que a impede de inverter as políticas da direita e implementar as suas propostas — o tabu da governação.

A divisão da esquerda portuguesa deixou de ser uma curiosidade que interessa apenas aos interessados da política. Passou a ter um preço bem alto, pago todos os dias por todos os portugueses: quando é mais fácil despedir, quando os salários baixam e as pensões são cortadas, ou quando se desinveste no conhecimento e na ciência, são o nosso presente e o nosso futuro que estão em jogo.[1]

UM MOVIMENTO PROGRESSISTA
PARA A EUROPA

Se perguntarmos a um cidadão dos EUA, ou a um brasileiro, o que é necessário fazer para conseguir mudar a política no seu país, ele (ou ela) dirá provavelmente que, sucessivamente e na ordem em que for sendo possível, se deve mudar a maioria dos deputados da câmara baixa do Congresso (House of Representatives ou Câmara dos Deputados, respectivamente), mudar a maioria dos senadores da câmara alta e mudar a maioria dos governadores nos estados. Será essencial, evidentemente, conquistar a Presidência da República, que, no caso destes países, é a sede do Poder Executivo, na Casa Branca ou no Palácio do Planalto. E, finalmente,

1 Depois de publicarmos a primeira edição deste livro, as eleições de outubro de 2015 levaram a um intenso debate sobre este bloqueio entre as esquerdas portuguesas e as suas consequências numa sociedade já fragilizada pela grave crise financeira, econômica e social que começou em 2008. Esse debate público pressionou os partidos a demonstrarem um maior grau de abertura entre si e, finalmente, após um resultado eleitoral em que ficou clara uma maioria política dos vários partidos de esquerda, a realizarem entendimentos de governação pela primeira vez na sua história. Pode dizer-se que, ao fim de quarenta anos, a democracia portuguesa deixou de estar enviesada à direita. E, como vimos várias vezes neste livro, as grandes mudanças políticas podem dar-se num momento de viragem mesmo depois de o "statu quo" ter subsistido durante muito tempo (sem boas razões para isso que não o hábito e a conveniência de uma elite de poder). Demorou, mas o eixo da dobradiça acabou por permitir que novas portas se abrissem.

as mudanças correm o risco de não ser efetivas se não se detiver também uma maioria segura dos juízes no Supremo Tribunal (Supremo Tribunal Federal, no caso brasileiro).

Esta é a parte simples. Mais complicado é como chegar lá. Uma maioria transformadora, num país à escala continental, é tarefa para uma geração. O processo funciona por agregação, segmento a segmento, de uma população plural num território extenso e heterogéneo. O Partido dos Trabalhadores, no Brasil, começou juntando os trabalhadores industriais da região periurbana de São Paulo (o chamado ABC Paulista — de Santo André, São Bernardo e São Caetano, a que se junta o D de Diadema) com os intelectuais da Universidade de São Paulo e das universidades federais de outras cidades do Sudeste brasileiro, e com os padres e ativistas católicos da Teologia da Libertação. Isto era claramente insuficiente para um país que, mesmo nos anos 1980, tinha já bem mais de 100 milhões de habitantes. Só depois se foram agregando outras componentes da sua maioria social futura, como os estados do Sul, predominantemente agrários e influenciados historicamente pelo trabalhismo; os trabalhadores rurais sem terra; os sindicalistas da Central Única dos Trabalhadores. Este processo demorou cerca de vinte anos, até à vitória de Luiz Inácio Lula da Silva, na sua quarta tentativa de ganhar uma eleição presidencial. A própria região de onde veio Lula, no Nordeste pobre, onde o Partido dos Trabalhadores só teve grandes vitórias nas capitais dos estados em 2000, foi dos últimos segmentos a juntar-se à sua maioria, tal como o Norte amazónico do país. Porém, uma maioria político-social pode ser uma realidade mutável, mesmo num país tão grande e populoso; já com Dilma Rousseff na presidência, a base de apoio da candidata do Partido dos Trabalhadores situava-se principalmente no Nordeste e no Norte, e não no Sudeste.

O caso dos EUA é talvez ainda mais evidente. Como foi dito da vitória de Obama em 2008, a sua base social de apoio era "uma maioria de minorias" eminentemente plural. Não era geograficamente contínua, pois tinha duas faixas principais nas duas costas, pacífica e atlântica, cujos liberais (no sentido americano) e progressistas foi necessário congregar, apesar das suas mundividências bem diferentes. Nas grandes cidades universitárias, foi mobilizada a população jovem; em estados de transição para o sul, a população negra; no *far-west*, os latinos. Esta "maioria de minorias" tinha, portanto, os muito ricos e os muito pobres, os discriminados e os altamente integrados, a elite tecnológica e os desempregados da indústria automóvel.

Na Europa, tudo é mais complicado. Para começar, a Europa não é um país. Embora a experiência das suas populações possa ser bastante mais homogénea do que, por exemplo, a "distância de vida" que há no Brasil entre um rico paulistano e um pobre amazonense, a verdade é que os dois últimos se consideram unidos pelo mesmo todo nacional. Mais importante do que isso, contudo, a Europa — ou, para o caso que a seguir interessa, a União Europeia — não se vê a si mesma como uma entidade politicamente mobilizável.

E, no entanto, a União Europeia, e sobretudo a zona euro, está cada vez mais integrada, enquanto vai ficando simultaneamente mais divergente. Trata-se de um efeito paradoxal, mas a verdade é que todas as componentes da zona euro e da UE têm hoje um elevadíssimo grau de interdependência que não se traduz em convergência, mas em antagonismo. O *superavit* de um país é o *deficit* de outro; o desemprego jovem de um é a abundância de mão-de-obra especializada de outro; a crise política de um é a estabilidade, por vezes isolada e egoísta, de outro.

A crise financeira de 2008 desestruturou a ideia de progresso na mente dos europeus. Deixou de se verificar a ideia antes consensual de que mais integração económica geraria inevitavelmente mais solidariedade e, logo, mais fatores de unidade política. Instalou-se definitivamente a perceção de que a vida das próximas gerações poderá ser pior do que a nossa. Acima de tudo, essa crise, aliada às outras crises do século, mudou o "campo de batalha" na Europa. Onde ele era nacional, passou a ser claramente continental. Nada se consegue fazer a nível nacional sem uma mudança a nível europeu. No entanto, a política, no seu sentido de um debate coletivo participado por todos, continua a ser feita a nível nacional. A nível europeu faz-se já, aqui e ali, política europeia, mas a atividade política quotidiana ainda é uma mistura de diplomacia, negociação e alta administração tecnocrática.

Este cenário favorece claramente os grandes interesses, os grandes países e as grandes instituições supranacionais. Mas arrisca-se a ser uma bomba de efeito prolongado para o projeto europeu, para não falar dos seus efeitos sobre o bem-estar das populações europeias.

O tempo urge para desarmadilhar esta bomba, e só 500 milhões de pessoas possuem os códigos necessários para o fazer. São os próprios cidadãos europeus, mas os códigos estão escritos numa linguagem que ninguém entende. É portanto de um cenário de pesadelo angustiado que se trata. Os cidadãos europeus têm de aprender a linguagem da ação comum europeia, têm de desejar desarmadilhar a bomba e têm de fazê-lo com uma precisão cirúrgica e uma progressão segura entre etapas.

Caso falhemos, o destino europeu repetir-se-á, e só após um colapso conseguiremos reinventar as nossas instituições. Como a Primeira Guerra Mundial originou a Sociedade das Nações e a Segunda Guerra Mundial deu lugar às Nações Unidas e ao atual projeto europeu, é agora necessário escapar ao destino e conseguir reinventar a Europa sem precisar de uma guerra.

Por difícil que seja imaginá-lo, então, os progressistas europeus podem ajudar a encontrar a solução para este drama. Essa solução passa em primeiro lugar pela definição de objetos de desejo político, ou seja, pela definição de grandes bandeiras a conquistar pelos europeus, como um sistema de saúde mais inclusivo foi para os progressistas dos EUA, ou a reforma agrária para os brasileiros. Não é claro que bandeiras serão essas, mas podem passar pela instituição de um salário mínimo ou de um subsídio de desemprego europeu, a fundação de Universidades da União, a democratização das instituições europeias ou a criação de esquemas ambiciosos de apoio, como a "herança social", a ser atribuída a todos os jovens de uma determinada idade, ou um ainda mais visionário esquema de rendimento universal que garanta a dignidade de vida para todos os europeus. No plano imediato da resolução da crise, os objetivos de uma esquerda europeia devem certamente passar pela criação de eurobonds, pela restruturação multilateral das dívidas soberanas e pela implementação de um plano de recuperação económica dos países mais afetados pela crise — que descrevi em mais detalhe noutro livro, *A ironia do projeto europeu* (Lisboa: Tinta-da-china, 2012), como "Projeto Ulisses".

Em segundo lugar, é necessário criar as ferramentas necessárias para conquistar essas bandeiras. Para dar apenas um exemplo, é claro que não haverá recursos para muitas delas enquanto as multinacionais continuarem a não pagar os seus impostos nos países onde efetuam as transações, mas em jurisdições que as beneficiam com ínfimas taxações.

Será longa e difícil a luta para conseguir uma coleta de impostos às multinacionais e a outros evasores e planeadores fiscais agressivos na União Europeia. Mas será uma luta necessária, se quisermos reaver recursos suficientes para assegurar ao menos uma certa estabilidade nos destinos dos europeus, e mais ainda se quisermos construir novas possibilidades de futuro para as próximas gerações.

Para conseguir ganhar essa luta será necessário... bem, será necessário conquistar a maioria dos deputados no Parlamento Europeu, a maioria dos membros da Comissão Europeia e a maioria dos governos dos estados-membros. Será também necessário encontrar vias que hoje ainda não existem para o exercício da vontade coletiva dos cidadãos dos estados-membros e da União — desde a eleição dos representantes permanentes dos estados-membros no Conselho da União Europeia até à possibilidade de uma ação coletiva dos cidadãos no Tribunal de Justiça da União Europeia.

Por sua vez, para obter essas ferramentas será necessário construir o movimento necessário para as conquistar. Essa é a parte que deixei de fora no início deste capítulo: mesmo no Brasil e nos EUA, os movimentos progressistas maioritários não foram construídos no vazio, primeiro, para depois pensar no que se haveria de fazer com eles. Pelo contrário, eles foram construídos a partir das causas pelas quais se desejava lutar, ou pelos objetos de desejo político que se pretendia alcançar.

O movimento progressista europeu que se pode construir para chegar às bandeiras que desejamos, através das ferramentas indispensáveis para as obter, terá ele próprio de ser um movimento plural, uma "maioria de minorias", tendo em vista a heterogeneidade do nosso continente. Mas não será impossível construí-lo, agregando sucessivamente todos os segmentos da população europeia que necessitam de um futuro para poderem viver a sua vida — dos jovens desempregados no sul às populações sem perspetivas no leste, das comunidades vibrantes e cosmopolitas das muitas cidades europeias aos setores mais criativos das novas indústrias.

Este movimento progressista não começou ainda a nascer. Nem sequer o desenhámos. Mas a partir do momento em que o imaginarmos, ele começará a fazer sentido enquanto elemento essencial para pôr a Europa em movimento, mas não em direção à catástrofe.

O movimento progressista europeu de que falo será muito diferente dos partidos que temos a nível nacional. Não acompanhará fielmente as fronteiras de cada família política, e dependerá da polinização cruzada entre ideologias e estratégias diferentes, da esquerda radical aos ecologistas e dos socialistas aos libertários. Acho possível que venha a ter uma estruturação radicalmente diferente daquela que é possível a nível nacional — será possível, por exemplo, que um cidadão não pertença a um partido nacional mas diretamente a um partido europeu, ou que não pertença ao mesmo partido europeu a que pertence o seu partido nacional. Será até possível que a entidade decisiva a nível europeu não seja um partido pan-europeu clássico, mas uma aliança semelhante ao que foi a sonhada "Internacional" de trabalhadores no século XIX. Como todos os planos, antes de ser enunciado, não existe; precisa de ser pronunciado para depois ser partilhado, e tornar-se, assim, mobilizador.

A CRISE DA ESQUERDA BRASILEIRA E LATINO-AMERICANA

Num certo país tropical, em tempos recentes, a polarização política da sociedade levou a que os setores favoráveis ao governo e à oposição escolhessem cores diferentes de roupa como forma de identificação própria e dos outros. A oposição saiu às ruas com camisas amarelas. A oposição à oposição — governista ou talvez não — respondeu vestindo camisas vermelhas. Os amarelos e os vermelhos opunham-se segundo divisões não só políticas, mas também sociais e regionais. Os pobres rurais estavam mais entre as camisas vermelhas; era mais provável que as classes médias urbanas estivessem entre as camisas amarelas. Os camisas amarelas acusavam o governo de estar atolado em corrupção e proclamavam que só seria possível resgatar o país limpando-o de qualquer vestígio de esquerdismo, eventualmente até prendendo os líderes políticos dos movimentos pró-governo. Os camisas vermelhas acusavam os amarelos de quererem reverter as conquistas de direitos sociais da década anterior e talvez até dar um golpe na democracia.

Milhares, centenas de milhares e depois mesmo milhões de camisas vermelhas e amarelas saíram para as ruas das cidades. A certa altura, os dois blocos ocuparam duas das praças principais da capital e conseguiram parar a circulação no centro durante várias semanas. A grande questão na mente de toda a gente era de que lado ficaria o exército — e que impacto poderia ter a crise na sucessão ao trono real.

O país em causa é a Tailândia.

Camisas vermelhas ou amarelas, pobres rurais contra ricos urbanos, direitos adquiridos e direitos conquistados, populismo justicialista contra populismo social, todos esses temas poderiam ser também os da crise brasileira de 2015--2016. À parte isto, há um mundo infindável de diferenças, entre as quais esperemos que a mais importante seja esta: a crise tailandesa acabou efetivamente em golpe, que se foi reforçando gradualmente sob o poder dos militares. Descontando a coincidência de cores nas camisas, o paralelismo entre a evolução das democracias no Sudeste Asiático e na América Latina não será levado aqui mais longe, senão para notar a importância da consolidação democrática em grandes blocos regionais ou áreas do globo, e como essa consolidação democrática depende de um grande equilíbrio entre dois extremos: por um lado, um extremo de polarização social e política na qual cada um dos setores em confronto nega ao outro a legitimidade de existir ou espera eliminá-lo do jogo político; do outro lado, um grau de fragmentação clientelar da sociedade que não permite a emergência de campos ideológicos distintos nem das suas visões do mundo, do tempo histórico e da transformação (ou conservação) social que é suposto que cada um desses campos tenha.

Ou, dito por palavras mais elementares: para consolidar uma democracia é importante que possam coexistir na sociedade grandes divisões ideológicas (como entre esquerda e direita) com um grau de oposição e dinamismo que não ponha em causa o pluralismo e o estado de direito. Uma das fragilidades das democracias emergentes é a de esquerda e direita, quando existem, não significarem nada mais do que a pertença a uma determinada clientela, o que favorece a ocorrência de choques sectários na sociedade. Nem a estagnação política é boa, nem a polarização extremada o é.

A tese deste livro é que há polarização construtiva e polarização destrutiva. Há uma polarização ideológica que é positiva para a dinâmica democrática e para o progresso social; a divisão entre esquerda e direita provou, nos melhores momentos, que era possível organizar solidariedades que não fossem determinadas por pertença feudal, de casta, raça ou religião, e que não arregimentassem as massas atrás de demagogos e autoritários. A polarização destrutiva surge quando um dos lados, ou rapidamente *ambos* os lados, se persuadem de que a aniquilação do lado oposto é o objetivo mais importante e talvez exclusivo da política.

Se, como vimos no início deste livro, a esquerda e a direita apareceram para suceder ao clientelismo e feudalismo das sociedades pré-modernas, há que ter em especial atenção quando, em vez de sublimarem essas distinções, as categorias de esquerda e direita acabam por simplesmente as substituir, com as mesmas funções e o mesmo *ethos* de antes. Esquerda e direita impõe-se, então, não como alternativas de sociedade, mas como um novo tribalismo. Ao passo que a dinâmica entre esquerda e direita seria determinada por conquistas políticas e pela construção de maiorias onde uma certa dose de compromisso é inevitável, o novo tribalismo faz com que as relações políticas passem a ser determinadas por critérios de honra, desonra e humilhação que impossibilitam qualquer cedência ao adversário — que seria vista como uma traição.

Derrotar o adversário deixa de ser um objectivo; aniquilá-lo passa a ser visto como condição *sine qua non*. Começa-se a dizer que não se pode avançar enquanto o outro lado subsistir: enquanto x estiver no poder, ou até enquanto existir, não é possível fazer nada. Tudo passa então a ser secundário face à necessidade de "limpar o país", e até os aliados que não estejam completamente convencidos dessa indispensabilidade podem rapidamente tornar-se adversários, por manifesta falta de confiança ideológica ou política. Como se sabe, para a mente sectária, o pior inimigo não é o adversário político; é o "companheiro" de que (por alguma razão) não se gosta. Quanto aos cidadãos indecisos ou não-arregimentados, diz-se-lhes que têm de "sair de cima do muro", que não escolher um lado é no mínimo irresponsável e logo depois já inaceitável. Tudo se deve subsumir na necessidade de deslegitimar, invalidar e — em casos infelizmente pouco raros — silenciar e exterminar o outro lado.

O pior da polarização destrutiva é que ela é infecciosa. Independentemente de onde se iniciou, rapidamente passa para o outro lado; é por uma razão de sobrevivência que isso acontece, o que aliás torna plausíveis as imprecações dos sectários. A polarização inquina também todo e qualquer projeto de reforma. O exemplo brasileiro é muito claro a esse respeito e dá-nos conta de uma polarização que não começou agora. Nos dez anos em que tive oportunidade de acompanhar regularmente a vida do país, entre 2000 e 2010, qualquer proposta do governo Lula era sempre recebida da mesma forma hiperbólica por certos setores da política e da imprensa brasileira, com comparações ao autoritarismo de Chávez, quando não ao totalitarismo de Stalin, e proclamações de que o estado de direito e a democracia estavam em risco. Por sua vez, isso permitiu ao Partido dos Trabalhadores ir reforçando uma tendência para a arrogância intelectual, passando de desvalorizar essas críticas a desvalorizar toda e qualquer crítica à governação, ou simplesmente a admitir "erros" sem deles tirar as devidas conclusões. O caso do mensalão, ainda no primeiro mandato de Lula, foi significativo. Ao passo que a cúpula do PT — ou pelo menos alguns dos seus dirigentes políticos — adotou a atitude de que era necessário fazer tudo para poder efetivamente governar, incluindo cooptar um Congresso venal e bastante corrompível, paradoxalmente as críticas da oposição de direita perderam a sua eficácia, não só por causa do passado corrupto de muitos políticos da direita, mas também porque — num caso clássico de "Pedro e o Lobo" — os setores opostos a Lula tinham desbaratado a sua autoridade moral com as hipérboles que lançavam para o espaço público sobre todos os outros temas. Se uma oposição baseada em ideias fortes e convicções de princípio acaba dignificando ambos os lados, um antagonismo oportunista, concentrado na deslegitimização do governo, acaba diminuindo a legitimidade de todos os atores no espaço público.

Tal ambiente ajudou a impossibilitar qualquer hipótese de reforma política que permitisse elevar a qualidade e integridade da representação democrata prestada aos brasileiros ou, no mínimo, que tentasse sanear a relação entre o sistema partidário e os interesses económicos no país. Sem reforma política, o espaço vazio acabou por ser ocupado pelo Poder Judiciário, mas já num clima de suspeição e desregramento que torna difícil que o Judiciário possa ser — como precisa de ser — a válvula de segurança do estado democrático de direito.

A encruzilhada em que o Brasil se encontra hoje é decisiva para uma população de mais de 200 milhões de habitantes, e em particular para as novas gerações, que esperaram viver o tempo da consolidação da democracia, e para as classes há tanto tempo excluídas do desenvolvimento. A superação do atual impasse dependerá em grande medida do surgimento de novos atores políticos e sociais, ou da emergência, mesmo dentro dos partidos existentes, de quem saiba fazer um novo discurso mobilizador pela democracia, pelos direitos e pelo progresso social. Enquanto escrevo estas palavras, não é de todo claro que esse novo discurso e esses novos atores possam surgir. Mas são claríssimas as consequências no caso de falhanço.

O Brasil é um país decisivo neste início do século xxi — mais decisivo certamente do que se habituou a pensar de si mesmo durante o século xx. Necessário no presente, e não só projetado no futuro, nas crises decisivas da democracia à escala global, da regulação da globalização e, crucialmente, no enfrentamento da grave crise ecológica em que todo o planeta está implicado. A República Federativa do Brasil é uma das quatro grandes federações ocidentais, — com os Estados Unidos da América, a União Europeia e a Federação Russa — todas elas, de uma forma ou de outra, numa situação de bloqueio. Uma ausência do Brasil no diálogo democrático global seria, é claro, trágica. Manter o Brasil num impasse social e político é uma perda para o mundo, numa fase em que todas as forças são poucas para enfrentar as crises que já conhecemos, e aquelas que despontam, como a que liga a questão dos refugiados e dos apátridas a um possível colapso no entendimento dos direitos humanos no seio do sistema internacional. Quero deixar claro que, quando escrevo que o Brasil faz falta, não quero com isso dizer que é exclusivamente a diplomacia brasileira que faz falta. A diplomacia brasileira provém de uma tradição robusta e tem uma escola importante, mas é sobretudo a sociedade brasileira — com a sua criatividade, a sua efervescência e a sua diversidade, e hoje mais interligada, informada e cosmopolita do que nunca — que faz falta ao debate global. Também fora do Brasil são necessários os emergentes atores sociais e políticos brasileiros e a força inspiradora que eles possam trazer para as causas libertadores e progressistas no resto do mundo, o mais depressa possível. Há, pois, uma emergência na emergência.

A América Latina tem, em comparação com outros grandes blocos regionais, um grande grau de proximidade e coesão cultural. É um espaço onde se falam apenas duas línguas principais — e muito próximas —, onde se partilha uma história comum, frequentemente trágica, e onde a auto--identificação de cada um como "latino-americano" é bastante elevada. De certa forma, a América Latina é o oposto da União Europeia, que tem um grande grau de integração económica, e até jurídico-política, sem a correspondente identificação cultural. Na União Europeia é fácil residir ou trabalhar, vender produtos ou transportar bens, num espaço habitado por 500 milhões de cidadãos. Na América Latina, mesmo em espaços como o Mercosul, é difícil (por exemplo) atravessar uma fronteira com um carro alugado, e o enorme grau de fragmentação burocrática entre os países cria e mantém problemas de que os cidadãos dos 28 países da UE se desabituaram rapidamente. Da mesma forma que é um erro para a esquerda europeia — agora referindo-me apenas a ela — pensar que não lhe diz respeito defender energicamente os projetos e as possibilidades da integração europeia, é um erro para a esquerda latino-americana pensar que a cultura e a história partilhadas são suficientes para determinar um projeto de integração política que, pela força das circunstâncias, teve de ser sempre mais de resistência do que de programa e proposta global. Desde o pós-Segunda Guerra Mundial — quando os estados americanos conceberam um projeto de declaração continental de direitos humanos que precedeu até a Declaração Universal de

Direitos Humanos da ONU —, a interrupção traumática de tantas experiências democráticas latino-americanas através de um golpismo violento patrocinado pelas administrações estado-unidenses (ou parte delas) do tempo da Guerra Fria levou ao adiamento do projeto emancipador latina-americano por mais de uma geração.

A memória vivida da repressão criou laços de solidariedade entre as esquerdas latino-americanas que se converteram mais tarde numa grande proximidade entre governos, pelo menos na maioria de países sul-americanos varridos pela vaga de governos de esquerda na viragem do século XX para o XXI. Infelizmente, esse lastro resultou mais numa cumplicidade e desculpabilização ativa dos defeitos recíprocos desses governos do que num esforço conjunto para um projeto de integração regional que nunca chegou propriamente a descolar do solo. Não deixa de ser notável como as esquerdas latino-americanas nunca conseguiram coordenar-se para, por exemplo, encarar o facto de que os ricos latino-americanos, já de si escandalosamente mais ricos do que os ricos dos países mais ricos, conseguem pagar ainda menos impostos do que os ricos dos países desenvolvidos. A criação de uma área fiscal concertada entre estados latino-americanos teria feito muito para reunir recursos, combater a corrupção e a lavagem de dinheiro, e marcar a agenda política em termos globais. Mas a imaginação retórica de tantos governos declaradamente progressistas, embora por vezes muito colorida, nunca deu passos concretos que poderiam ter servido de lição para o mundo.

Essa solidariedade pouco crítica, quando não cúmplice, tinha também raízes numa esquerda autoritária e supostamente vanguardista, também ela típica da Guerra Fria, que (tal como o "outro lado") não se coibia de apoiar os regimes mais infrequentáveis, desde que fossem inimigos-do-meu-inimigo. É isso que explica (mas não justifica) as alianças espúrias com regimes como o iraniano do reacionário Ahmadinejad ou o russo do neo-imperial Vladimir Putin, supostamente aliados não se percebe bem em que luta geo política. Pior ainda, é isto que ajuda a compreender a cooperação interessada com ditaduras e regimes corruptos de África, às custas dos sonhos de democracia das novas gerações de africanos, tão parecidos com os jovens latino-americanos (mais sobre isto já adiante).

Na interseção entre as esquerdas das lutas sociais mais clássicas e as novas esquerdas das liberdades pessoais, da identidade e do imaginário, ambas necessárias mas tantas vezes incompatibilizadas por rivalidades, sobra uma juventude latino-americana que, estou convencido, deseja um movimento progressista verdadeiramente emancipatório com um horizonte cosmopolita. Este é aquele que melhor serve às populações até recentemente excluídas do sonho do desenvolvimento económico, e até às classes médias angustiadas com a estagnação dos seus rendimentos ou a todos os que esclarecidamente desejam uma sociedade mais justa e uma política mais aberta e inclusiva.

Essa esquerda deve reatar com o melhor das tradições de pensamento que estiveram na sua origem, e descartar sem complexos os vícios ideológicos e o sectarismo que levaram a tantos erros e crimes na história da modernidade política.

Um movimento para a esquerda do século XXI deve ser, em primeiríssimo lugar, universalista. Deve pensar em todo o planeta como a sua unidade e regressar à emancipação da humanidade inteira como a sua principal proposta. Deve adotar sem nenhuma hesitação a doutrina da indivisibilidade dos direitos humanos e pô-la à frente de quaisquer outras conveniências. Basta de apoiar ditaduras ou regimes autoritários por razões táticas, estratégicas ou de coesão partidária. A repressão, seja onde for e por que razões for, nunca está "do nosso lado".

Em segundo lugar, este deve ser um movimento libertador. Libertário na realização pessoal e na expressão de cada identidade, libertário por instinto, por princípio e por fim (sem com isso desvalorizar as conquistas do estado de direito e o legado do liberalismo político, tantas vezes erradamente desvalorizado pela esquerda como "burguês", quando é na verdade cidadão).

Em terceiro lugar, deve ser um movimento radicalmente inclusivo e igualitário. Um movimento que esteja permanentemente em luta e experimentação para concretizar, hoje mesmo se possível, uma comunidade política de todos e para todos.

Este movimento deve recuperar a essência do primeiro socialismo, fraternal e anti-autoritário, e resgatá-lo para um século xxi onde a revolução tecnológica, a escassez de trabalho e a crise ecológica tornam cada vez mais necessárias a partilha e a redistribuição de riqueza.

Por isso também é necessário que esse movimento seja pela sustentabilidade e agregue categorias da ecologia política, que nasceu no século xx respondendo a preocupações modernas com os limites do planeta e a anseios ancestrais de harmonia com a natureza, que podem estender-se a um sentimento de fraternidade para com as espécies e o mundo que está para lá da humanidade.

Em penúltimo lugar, este deve ser um movimento cosmopolítico, ou seja, centrado na reivindicação de direitos para todos enquanto cidadãos do mundo. A uma globalização mercantilista e a um internacionalismo de fachada deve opor-se o fomento de uma sociedade civil à escala do planeta e a construção de uma esfera democrática global.

Em último lugar, este deve ser um movimento incerto, com um leque de valores incompleto, à espera dos acrescentos e reinvenções que cada um lhe quiser trazer. Não deve ser uma ideologia ou uma doutrina fechada, mas antes uma corrente de pensamento partilhada e, por isso mesmo, adaptável e personalizável.

Como será a democracia do século XXI? Não é fácil sabê-lo, nem garantido que haja uma democracia continuamente preservada, mas há sim uma necessidade geral de criar uma democracia-mais-democrática para uma sociedade mais informada do que nunca e onde os contactos humanos podem ser hoje em dia diretos, espontâneos e instantâneos. A grande questão aqui é: quem dará a resposta a esta pergunta? Dificilmente será a China do capitalismo de estado tecnocrático e poluente, ou a Rússia autoritária e corrupta de Putin. Os EUA vivem ainda e sempre na sua tentativa de regressar a um sentido original de uma constituição do século XVIII — que quanto mais tentam seguir literalmente mais desvirtuam. A Europa e a América Latina, tal como pouco depois o Sudeste Asiático, deram nos anos 1980 e 1990 grandes esperanças de expansão e de consolidação das democracias, mas encontram-se agora ambas em crise de consciência. E, já que falamos em crise de consciência, não esqueçamos o continente tantas vezes vergonhosamente omisso nas relações entre Europa e América: a África escravizada, pilhada e permanentemente espoliada aos próprios africanos, por colonos, por fanáticos religiosos e tribais ou por elites corruptas, onde uma juventude sequiosa de se juntar ao mundo cívico se mobiliza para conseguir ter a sua voz e conquistar o seu lugar. Se há missão conjunta para as juventudes progressistas na Europa e na América, essa missão deveria obrigatoriamente ser a de escutar o que nos dizem as jovens vozes de África, de onde — se não me engano — virão os próximos desafios para a democracia.

DA NECESSIDADE
DE UMA ESQUERDA GLOBAL

Encontramo-nos, a nível global, numa situação curiosa, simultaneamente pós e pré-moderna.

Pós-moderna porque nos é permitido viver a vários níveis e patamares de integração em simultâneo. Ser desempregado mas discutir economia com prémios Nobel nas redes sociais, estar desintegrado num subúrbio de uma grande cidade ocidental enquanto se procura uma missão numa visão religiosa fundamentalista. A informação corre mais rápido do que nunca, os níveis educacionais são mais altos, há uma emergência da consciência global no que diz respeito a problemas como as ameaças climáticas, e por aí adiante.

No entanto, encontramo-nos numa situação vincadamente pré-moderna. O razoável controlo que alcançámos sobre os poderes fácticos da economia a nível nacional, o apreciável grau de coesão que conseguimos a nível europeu até determinado momento, escapam-nos completamente a nível global. É como se os senhores feudais de antes, ou os poderosos industrialistas do século XIX, agora transmutados em grandes poderes económicos, militares e políticos (ou político-religiosos), tivessem fugido para a escala supranacional, continuando a exercer o poder que antes tinham dentro de fronteiras.

Nunca houve, à escala global, uma esquerda e uma direita, porque nunca houve espaço para uma *polis* mais ou menos integrada dos cidadãos do mundo. Pode parecer surpreendente que eu diga isto, pois nasci numa época em que havia ainda dois grandes blocos geopolíticos — do leste "socialista" e do ocidente "capitalista" — que era suposto representarem também uma clivagem ideológica planetária entre esquerda e direita. Mas a divisão do mundo em blocos só enganadoramente fazia uso das categorias de esquerda e direita. O jogo que a URSS ou os EUA jogavam era simplesmente o velho grande jogo das potências e das esferas de influência. Por muita retórica que se fizesse sobre a revolução socialista internacional ou "o socialismo num só país", quando chegava o momento de fazer alianças ou de tomar decisões sobre guerra e paz, a União Soviética agia num quadro que não era muito diferente do da Rússia czarista. Também os Estados Unidos da América adotavam uma retórica de defesa do "mundo livre" ao mesmo tempo que faziam alianças com regimes autoritários no prolongamento da antiga doutrina Monroe, que vinha do século XIX. A oposição entre blocos era sobretudo de interesses; o idealismo só era possível nos interstícios do realismo frio da Guerra Fria. Após a queda do muro de Berlim, a teoria das relações internacionais continua a tomar os estados como as suas entidades principais, quando na verdade as grandes empresas, as redes de negócios, as bolsas de valores e os fluxos financeiros, bem como a circulação de crenças, ideias e modas fazem mover tanta gente quanto os estados, provavelmente mais. Essa movimentação é, no entanto, caótica e pouco legível, ainda sem canais de deliberação e mobilização democráticas à escala global.

Desde 1948, existe em embrião, ou em potência, um regime internacional de direitos humanos baseado em tratados. É uma estrutura quase-constitucional que, por agora, não tem vinculado suficientemente os estados, mas que poderá vir a ser reforçada no futuro. Seyla Benhabib descreve isto como "o momento cosmopolita". Não é, contudo, suficiente para fazer face ao poderio feudal das grandes potências. Poderia e deveria ser complementado por elementos de justiça e democracia global, como um Tribunal Internacional contra os Crimes Ambientais ou uma Assembleia Geral Parlamentar das Nações Unidas. Mas assim não permitiria o tipo de tomada de decisão informada que, apesar de tudo, ainda vai sendo possível a nível nacional ou já vai sendo possível a nível continental.

Na primeira parte deste livro foram mencionados de passagem os cartistas portugueses, que se situavam na direita do nosso liberalismo. Eles não devem ser confundidos com os cartistas britânicos, que estavam na esquerda do liberalismo e nos alvores do socialismo na Grã-Bretanha. Esses cartistas eram uma confederação bastante solta e desconexa de indivíduos, clubes políticos e associações de trabalhadores, unidos em torno de um documento — uma carta de direitos — com cinco ou seis reivindicações principais, incluindo direitos laborais e políticos, que permitiam unificar a ação destes movimentos díspares e concentrar os seus objetivos nos momentos decisivos. Menciono-os aqui porque um método deste género poderia ser útil para a estruturação de exigências democráticas à escala global. Também nós temos uma multiplicidade de movimentos, partidos, associações e indivíduos interessados em questões de justiça social, direitos humanos (não só civis e políticos, mas também económicos, sociais e culturais), e sustentabilidade ambiental. Uma "Carta para um Movimento de Movimentos", pensada de forma muito sucinta para poder ser subscrita à escala global, poderia juntar algumas exigências ambiciosas, que podem ir da criação de um imposto global sobre a riqueza, como vem propondo o economista Thomas Piketty, à negociação de acordos laborais globais, à fundação de um tribunal internacional de trabalho e comércio que substitua os mecanismos arbitrais que privilegiam as multinacionais, ou outros objetivos globais referidos nestas páginas. Este "Movimento de Movimentos" poderia ir buscar a sua força à recuperação de elementos da radicalidade do Fórum Social Mundial, ou à ação mais institucional de ONGs que trabalham nos "objetivos do milénio" da ONU (e nos seus sucessores, os Objetivos de Desenvolvimento Sustentável da Agenda 2030, lançado pelas Nações Unidas em 2015), ou de associações que exigem a ratificação e implementação de convenções internacionais que já existem (como as convenções contra a corrupção, que ainda não foram assinadas por alguns países europeus muito centrais, provavelmente para protegerem os negócios das suas empresas no exterior). Em última análise, um documento como o dos cartistas britânicos do século XIX pode ser a base de uma nova "Internacional Cidadã" trabalhando pela democracia global num quadro multilateral, sem governo global.

Neste ponto não podemos mais do que intuir a possibilidade de ver emergir, nos próximos anos e gerações, uma *cosmopolis* para o exercício da democracia, transcendendo os estados e mesmo as organizações regionais. Se podemos identificar mais ou menos as causas que nos mobilizariam, não há ainda ideia sobre as ferramentas, e menos ainda sobre os métodos de organização.

A necessidade, porém, é absolutamente clara. E, portanto, é possível que o exercício de uma soberania à escala do planeta se vá fazendo por milhões de pequenos gestos, e por isso vá nascendo imperfeita, assimétrica, irregular, orgânica, bem antes de alguém ter coragem de a teorizar.

O MOMENTO SOBERANO

No início deste livro foi apresentado um esquema simples, linear, no qual cabe ao sujeito situar-se num ponto do espectro esquerda-direita. Adicionalmente, foi apresentado um plano em duas dimensões (que já se vai tornando habitual sob o título de bússola política) no qual à linha esquerda-direita se cruza uma linha entre libertarismo e autoritarismo, delimitando assim quatro quadrantes — de esquerda libertária, esquerda autoritária, direita libertária e direita autoritária. Este segundo esquema já permite a cada sujeito situar-se de uma forma mais segura e precisa.

Tendo em conta o que ficou dito neste epílogo, contudo, é agora evidente que este esquema não é suficiente para cobrir as várias possibilidades de posicionamento na crise do novo milénio. Tendo em conta que todas as questões centrais para esta crise global são transfronteiriças (a globalização, o capitalismo financeiro, os fluxos internacionais de pessoas e mercadorias, as ameaças ambientais e as alterações climáticas, a questão do euro e a integração no continente europeu, os conflitos interétnicos e político-religiosos), é então necessário acrescentar uma terceira dimensão, e transformar o quadrado num cubo. Essa terceira dimensão é aquela que vai do comunitarismo (que pode ter várias versões: nacionalismo, nativismo, localismo, isolacionismo) ao cosmopolitismo (que também pode ser internacionalista, federalista, universalista, etc). Num dos polos encontram-se aqueles que consideram que o problema está no desfazer da escala anterior da governação (tipicamente, o estado-nação); no outro, aqueles que consideram que problemas de natureza global necessitam de um enquadramento tão globalmente amplo quanto possível.

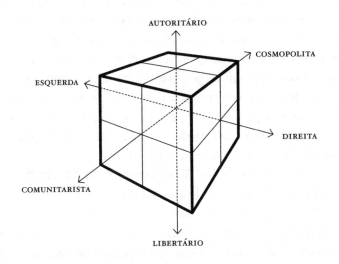

Os quadrantes são assim substituídos por setores, e os pares como esquerda-libertária por trios: esquerda libertária cosmopolita (onde se encontra o autor destas linhas) estará assim no setor oposto à direita autoritária nacionalista que, ao contrário do que se supunha há um par de décadas, está numa fase de recrudescimento.

Poderiam ainda ser acrescentadas outras dimensões, como a que resulta da questão ecológica. No entanto, acredito que esta é mais um objeto do que um sujeito da soberania, e que a forma de a encararmos está certamente dependente da visão do tempo e do mundo ideologicamente marcada que tivermos, nomeadamente a forma concreta do sentido de responsabilidade que subscrevermos. Embora as políticas e os partidos "verdes" se situem o mais das vezes na esquerda libertária cosmopolita — por subscreverem um sentido da responsabilidade baseado numa visão transformadora da política, no primado da expressão da individualidade e na defesa de uma consciência extensa e universalista —, a verdade é que há também porções da direita que se consideram ambientalistas, se não mesmo ecológicas, por razões que são eminentemente locais, de cariz conservador e tributário de uma visão mais contida e disciplinadora da personalidade individual. Ambas essas combinações são possíveis, e não excluem múltiplas outras. A figura que daqui resulta já seria demasiado complexa para a maior parte de nós, não geómetras: o tesserato ("cubo ao cubo", ou hipercubo, de quatro dimensões).

Ainda assim, não é completamente convincente a razão pela qual precisaríamos desta quarta dimensão. As três dimensões do cubo — esquerda/direita, libertário/autoritário e comunitarista/cosmopolita — cobrem os aspetos essenciais do entendimento da soberania. E a questão do entendimento da soberania é, numa redundância intencional, a questão soberana da política. A esquerda e a direita têm noções diferentes de como transformamos a soberania (no primeiro caso) ou como a soberania nos transforma (no segundo). Libertarismo e autoritarismo têm noções diferentes da fonte da soberania como exercício (de liberdade ou de autoridade). Entre comunitarismo e cosmopolitismo encontramos uma série de versões sobre a agência soberana e a escala a que ela se deve exercer. Versões nacionalistas, que podem ser ditatoriais ("tudo pela Nação, nada contra a Nação") ou democrática ("a única escala onde o poder democrático se exerce satisfatoriamente é ao nível do estado-nação"). Versões comunitaristas, nas quais o nosso sentido de vida é sobretudo determinado pelo coletivo a que pertencemos. Versões internacionalistas, nas quais os estados são considerados como uma espécie de mega-cidadãos numa comunidade internacional, uma "cidade suprema" ou *civitas maxima*, como lhe chamava no século XVIII o filósofo alemão Christian Wolff. Ou versões cosmopolitas, nas quais cada indivíduo é diretamente um cidadão do mundo, partilhando com todos os seus concidadãos no planeta a responsabilidade de estender os seus laços de soberania (ou seja, a extensão das vontades pessoais de todos) à escala do planeta.

Os últimos anos têm sido férteis em equívocos sobre o significado de soberania e confundidos por uma suposta oposição, no atual debate europeu, entre "soberanistas" e "federalistas", agravada por uma outra camada de confusão por parte de alguns defensores da ideia de que "a soberania já acabou". Na verdade, a soberania ainda agora começou. A partir do momento em que a soberania deixou de ser exercida por direito divino ou hereditário, ou pela força nua e crua — que é, como vimos, o momento político a partir do qual nasce a modernidade e entram para o discurso político os conceitos de esquerda e direita —, foi cabendo aos indivíduos, entendidos como cidadãos, o exercício da sua própria soberania.

Em muitos momentos esse exercício foi mais teórico do que real, e muitas vezes foi entendido no contexto de um coletivo, traduzindo a soberania popular como soberania no quadro de uma nação ou de uma classe. A ser vista assim, a soberania não teria sofrido grande alteração com a modernidade. Onde antes o indivíduo só poderia ser politicamente entendido como súbdito de um soberano, o cidadão passava a ser soberano pelo simples facto de pertencer a uma nação. O que não está a ser entendido, em particular no debate europeu, é que até os federalistas (ou mesmo aqueles que, não sendo especificamente federalistas, defendem a construção de uma democracia europeia) também se declaram soberanistas.

Se entendermos por soberania algo tão simples como ser dono do seu destino, facilmente veremos que este conceito é ampliável a várias escalas. Se assim for, ao momento soberano que se viveu no final do século XVIII, no qual a nação se corporizou como a escala por excelência do exercício de escolhas coletivas, pode suceder-se um momento soberano a uma escala transnacional. Assumindo as minhas preferências, essa não é só uma possibilidade; trata-se de uma necessidade. Sem exercício soberano a nível continental, provavelmente exercido em conjunto por estados e cidadãos, será impossível resolver a atual crise europeia. Sem preparar o terreno para um exercício soberano à escala global, cujos contornos ainda não conseguimos bem imaginar hoje, mas que já se encontra de certa forma em fermentação nos biliões de trocas quotidianas de ideias e informações, nos milhões de utilizadores de redes globais, ou nos muitos milhares de ONGS internacionais (Amnistia Internacional, Greenpeace etc.) que se estabeleceram nas últimas décadas como atores cívicos com extensão planetária, será difícil imaginar como conseguiremos fazer pressão para acabar com os paraísos fiscais, aumentar a exigência das proteções laborais ou combater as ameaças que pendem sobre a vida no planeta.

Se a minha teoria estiver correta, onde os humanos conquistam a possibilidade de decidir por si mesmos aparece a necessidade de encontrar termos que reúnam e simplifiquem a enorme variedade de escolhas e opiniões coletivas. Esquerda e direita são dois desses termos, talvez os mais simples e por isso os mais abrangentes.

Ao contrário do que se pensa, esquerda e direita não estão em retração no mundo. Apareceram nas últimas décadas em países e culturas onde tradicionalmente não existiam. No Japão, na América Latina, na Indonésia e em África, os estudos sociológicos apontam para um crescente reconhecimento da esquerda e da direita políticas por parte da população. A essa expansão dos termos junta-se a necessidade de ordenar a realidade financeira, económica e ambiental em termos globais, com a consequente necessidade de encontrar instrumentos de legitimação democrática a várias escalas.

Esta não é uma teoria do fim da história, à maneira do que propôs Francis Fukuyama na sua famosa teoria de que a democracia liberal representava não um estado qualquer, mas um estado último da evolução política da humanidade. Pelo contrário, o que se pode dizer é que esta é uma teoria do começo da história. A introdução de novas charneiras, novos pontos de viragem para a história da humanidade, representa um enriquecimento tão grande quanto possível das nossas diferenças e dos nossos antagonismos, e também o caminho de uma evolução para um florescimento das possibilidades humanas.

Não deve surpreender que este livro termine invocando a possibilidade de um ponto de viragem em que a soberania se torne possível à escala europeia e global, fazendo emergir as possibilidades de deliberação coletiva que justificaram o aparecimento da esquerda e da direita há 225 anos. Nesse sentido, este é claramente um livro pensado à esquerda e para a esquerda: como vimos nas páginas sobre Thomas Paine, é a esquerda que vê pontos de viragem em todos os momentos históricos. É-o necessariamente: a crise que vivemos desde 2008 à escala nacional, europeia e global exige respostas que entendam e transformem a realidade que temos, e não que queiram simplesmente adaptá-la à realidade que julgávamos ter. Argumentar que a democracia historicamente só funcionou à escala do estado-nação, por exemplo, não é só argumentar como a direita, supondo que o que houve até agora é aquilo que por natureza deve haver, mas esquecer a enorme importância que para a democratização nacional tiveram os movimentos internacionais do seu tempo. A história é a história. O futuro sê-lo-á a seu tempo, da forma como o conseguirmos fazer. Hoje, outra soberania é possível.

A INTERNACIONAL NACIONALISTA

Este livro foi escrito em 2014, publicado pela primeira vez em 2015 e editado no Brasil no início de 2016. No dia 23 de junho desse ano, e contrariamente à maioria das expectativas, um referendo disputado no Reino Unido deu por curta margem o resultado de que esse país deveria sair da União Europeia, num processo que ficou mais conhecido por Brexit.

Na imprensa especializada, em particular a de temática económica, a reação foi de incredulidade. Os argumentos pragmáticos a favor da permanência pareciam imbatíveis, e durante meses os comentadores profetizaram que, no momento da verdade, os britânicos votariam com base nos seus interesses materiais. Mas nos últimos dias antes do voto as sondagens foram revelando que as linhas do *leave* ou do *remain* que determinariam a saída ou não da União Europeia se foram aproximando até que se cruzaram no último momento. Ainda sob o efeito da surpresa, os mesmos comentadores que consideravam irracional o voto da saída empreenderam novas teorias, segundo as quais, afinal, tinha sido um voto motivado pelas condições económicas e sociais, como uma forma de chamar atenção para o abandono a que comunidades urbanas e industriais antes pujantes tinham sido relegadas por décadas de financeirização concentrada em Londres.

A possibilidade de que o movimento do Brexit e o seu sucesso no referendo fossem o resultado de uma guerra cultural bem conduzida, que teve pensionistas e aposentados como principais alvos, muitos deles com casa própria e segurança económica, mas com um sentido de nostalgia pela perda das antigas glórias britânicas, em particular dos tempos imperiais e da vitória na Segunda Guerra Mundial (1939-45), não interessou à partida a esses comentadores. Na medida em que admitiam algum aspecto cultural como determinante para o voto, faziam depender esse aspecto cultural de uma pré-condição económica, reproduzindo (voluntária ou involuntariamente) as velhas categorias marxistas da economia como infraestrutura e da cultura como superestrutura que nos deram tantos anos de análises, muitas vezes simples, tantas vezes simplistas, de fatos sociais e políticos.

Passados alguns meses, eu estava no Instituto Remarque de estudos europeus da New York University e fomos

visitados por Ed Miliband, que fora líder do Partido Traba-
lhista britânico e que procurava ainda explicar-nos como
tinha sido possível o Brexit. Quando ele mostrou o gráfico
com as linhas das sondagens que se tinham aproximado pe-
rigosamente poucos dias antes do referendo, fez-se um si-
lêncio frio na sala. A razão era simples: faltavam poucos dias
para a eleição presidencial nos Estados Unidos, entre Donald
Trump e Hillary Clinton, e as linhas das sondagens estavam a
comportar-se praticamente da mesma maneira. Também
ali a grande maioria dos comentadores dava por adquirida
a vitória de Hillary Clinton. O arrepio que passou pela sala
naquele momento foi uma espécie de "e se?". E se, ao contrário de todas as expectativas, Trump ganhasse as eleições
para a Casa Branca?

Como sabemos hoje, foi exatamente isso que sucedeu.
Assisti a essa vitória de Donald Trump a poucos metros do
quartel-general das celebrações de Hillary Clinton, que não
chegaram a acontecer. Em vez disso, aproximavam-se da
vitrina do bar onde assisti à noite eleitoral rostos perplexos,
primeiro, e estupefactos depois, de lágrimas correndo pela
cara abaixo conforme a contagem ia avançando, uma gente
que não acreditava no que estava a acontecer. Numa cidade
com votação massivamente democrata como Nova Iorque, a
ideia de que Trump tivesse acabado de ganhar a eleição não
fazia sequer parte das cogitações, e dada a insularidade da
política norte-americana o resultado do referendo do Brexit
não foi tido como precursor.

Também aqui regressaram as explicações economicistas
para o que tinha acabado de acontecer, pelo menos até ao
ponto em que os dados empíricos provaram que não, não
tinham sido os pobres desesperados em sinal de protesto

que tinham votado em Trump contra Clinton. Particularmente interessante era o fenómeno dos eleitores decisivos no Midwest, que antes tinham votado Obama e agora votavam Trump. Apareceu todo tipo de explicações sociológicas para esses eleitores, sem se considerar a mais evidente: quando votaram em Obama, esses eleitores queriam mudança; ao votar em Trump, queriam mais mudança. A novidade podia ser de sinal contrário — mas era mais novidade ainda, e a novidade tem importância em si mesma.

Uma das poucas exceções, em meu entender, a estas análises mais determinísticas e reducionistas, centradas no fato económico, foi o livro do par de cientistas políticos Pippa Norris e Ronald Inglehart intitulado *Cultural Backlash: Trump, Brexit and Authoritarian Populism*, que dava ênfase a duas características-chave do fenómeno que estava então a surgir: por um lado, o facto de as guerras culturais estarem no centro desta viragem, e, por outro, o facto de elas estarem sintonizadas internacionalmente. O que estávamos a ver — e estamos ainda a ver, ao escrever estas linhas em 2024 — era a emergência de uma "internacional nacionalista", fundada na exploração de ressentimentos sociais e potenciada pelas alterações estruturais da esfera pública a uma escala global, trazidas pela internet, pelas redes sociais e agora pela inteligência artificial. Com a eleição de Bolsonaro em 2018, e mais ainda a de Milei em 2023, passou a haver poucas dúvidas desses dois factos.

A estes desejaria eu ainda adicionar algo que me parece relevante para o argumento deste livro: a possibilidade de haver um outro tipo de polarização a acrescentar à polarização construtiva e à polarização destrutiva de que falámos em capítulos anteriores.

Chamaria a esse tipo de polarização a polarização assimétrica. Ela ocorre quando as duas partes em confronto numa determinada realidade política não polarizam da mesma forma. Reconhecer esse facto passa por enfrentar a natural tendência humana para equilibrar a percepção de características negativas em ambos os lados ou, como se diz no português de Portugal, "dividir o mal pelas aldeias". Custa-nos a crer que os dois campos em confronto não sejam igualmente fanáticos ou igualmente perigosos. E com isso perde-se tempo precioso quando um dos campos começa a entrar numa deriva que pode colocar em causa a estabilidade ou a sobrevivência do Estado de direito, dos direitos fundamentais e da democracia. No entanto, foi isso mesmo o que sucedeu quando Trump, primeiro, e depois Bolsonaro tentaram resistir a abandonar o poder.

A polarização assimétrica existe e, tal como no passado, pode levar ao colapso de regimes democráticos. Identificar o perigo, isolá-lo e derrotá-lo é essencial, e passa fundamentalmente por conseguir unir todos os democratas numa aliança provisória, assente na defesa do regime democrático, até a um período de estabilização no qual as diferenças programáticas naturais dentro do campo democrático possam voltar a ser o terreno de jogo habitual da política.

Lisboa, maio de 2024

SOBRE O AUTOR

Rui Tavares (Lisboa, 1972) estreou com *O pequeno livro do Grande Terremoto* (o primeiro título lançado pela editora lisboeta Tinta-da-china), que recebeu o prêmio RTP/Público de melhor ensaio de 2005 e foi publicado pela Tinta-da-China Brasil em 2022. A editora ainda publicou *Esquerda e direita: um guia para o século XXI* (2016) e *Agora, agora e mais agora: seis memórias do último milénio* (2024). A peça teatral de sua autoria *O arquiteto* — sobre Minoru Yamasaki (1912-1986), cujo projeto mais célebre foi o das Torres Gêmeas do World Trade Center, em Nova York —, ganhou edição brasileira em 2008, pela Martins Fontes.

Elegeu-se duas vezes (em 2022 e 2024) deputado à Assembleia da República pelo Livres, partido de esquerda verde europeísta que ajudou a fundar em 2014. Foi ainda deputado no Parlamento Europeu (2009-14) e vereador por Lisboa (2021-22). Com intensa atividade no debate público português, colaborou com as principais publicações do país, como o *Público* e o *Expresso*, e lançou livros de intervenção sobre política e sociedade, como *A ironia do projeto europeu* (2012) e o "livro duplo" *Não foi por falta de aviso / Ainda o apanhamos!* (2023). É o autor do programa televisivo de divulgação histórica *Memória Fotográfica*, veiculado na RTP, em 2018, e do podcast de história *Agora, agora e mais agora*, produzido pelo jornal *Público* em 2020.

Licenciado em história pela Universidade Nova de Lisboa e mestre pelo Instituto de Ciências Sociais da Universidade de

Lisboa, doutorou-se na École des Hautes Études en Sciences Sociales de Paris, com a pesquisa que resultaria em *O censor iluminado: ensaio sobre o século XVIII e a revolução cultural do pombalismo* (Tinta-da-china), obra premiada pela Academia da História Portuguesa como melhor livro de história de Portugal em 2019. Atuou, como professor e pesquisador, nas universidades Nova de Lisboa, de Nova York (2016), Brown (2018), de Massachusetts (2020) e no Instituto Universitário Europeu de Florença (2018). Entre 2019 e 2022 coordenou a coleção em quatro volumes Portugal: uma Retrospectiva (Público/ Tinta-da-china), inicialmente publicada em 25 fascículos, que tem colaboração dos principais historiadores do país.

Em 2024, iniciou a publição de sua newsletter πολύτροπον (em grego, polítropon, "de muitos caminhos", o primeiro adjetivo que Homero usa para falar de Ulisses). A newsletter pode ser assinada no site ruitavares.net.

© Rui Tavares, 2016

Esta edição segue a ortografia vigente em Portugal

1ª edição: maio 2016, 900 exemplares
2ª edição: jun. 2024, 3 mil exemplares

EDIÇÃO Bárbara Bulhosa/Tinta-da-China Portugal
REVISÃO Henrique Torres
CAPA Vera Tavares
COMPOSIÇÃO Isadora Bertholdo

TINTA-DA-CHINA BRASIL
DIREÇÃO GERAL Paulo Werneck
DIREÇÃO EXECUTIVA Mariana Shiraiwa
DIREÇÃO DE MARKETING E NEGÓCIOS Cléia Magalhães
COORDENADORA DE ARTE Isadora Bertholdo
DESIGN Giovanna Farah • Beatriz F. Mello (assistente)
        Ana Clara Alcoforado (estagiária)
ASSISTENTE EDITORIAL Sophia Ferreira
COMERCIAL Lais Silvestre • Leandro Valente
COMUNICAÇÃO Julia Galvão • Yolanda Frutuoso
        Livia Magalhães (estagiária)
ATENDIMENTO Joyce Bezerra

Todos os direitos desta edição reservados à
Tinta-da-China Brasil/Associação Quatro Cinco Um

Largo do Arouche, 161, SL2 República • São Paulo • SP • Brasil
editora@tintadachina.com.br
tintadachina.com.br

DADOS INTERNACIONAIS DE CATALOGAÇÃO
NA PUBLICAÇÃO (CIP) DE ACORDO COM ISBD

T231e   Tavares, Rui
         Esquerda e direita: Guia histórico para o século XXI /
         Rui Tavares. - São Paulo : Tinta-da-China Brasil, 2024.
         120 p. ; 13 cm x 18,5 cm.

         ISBN 978-65-84835-29-0

         1. Política. I. Título.

                                                        CDD 320
         2024-1508   CDU 32

Elaborado por Vagner Rodolfo da Silva - CRB-8/9410

ÍNDICES PARA CATÁLOGO SISTEMÁTICO
1. Política 320
2. Política 32

A PRIMEIRA EDIÇÃO DESTE LIVRO FOI APOIADA PELA
DIREÇÃO-GERAL DO LIVRO E DAS BIBLIOTECAS — DGLAB
SECRETARIA DE ESTADO DA CULTURA — PORTUGAL

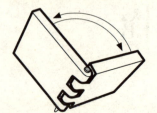

Esquerda e direita foi composto em
Hoefler Text e Gravur Condensed,
impresso em papel pólen bold 70g,
na Ipsis, em junho de 2024